OEUVRES

DE

MOLIERE

ILLUSTRATIONS

P A R

JACQUES LEMAN

DOM JUAN
OU LE FESTIN DE PIERRE

PARIS

CHEZ ÉMILE TESTARD ET Cᶦᵉ, ÉDITEURS

10, *RUE DE CONDÉ*

—

1889

OEUVRES

DE

J.-B. P. DE MOLIÈRE

DOM JUAN

OU LE FESTIN DE PIERRE

JUSTIFICATION DU TIRAGE

Il a été fait pour les Amateurs un tirage spécial sur papier de luxe à 550 exemplaires, numérotés à la presse.

			NUMÉROS
125 exemplaires		sur papier du Japon.	1 à 125
75	—	sur papier de Chine.	126 à 200
150	—	sur papier Vélin à la cuve.	201 à 350
200	—	sur papier Vergé de Hollande.	351 à 550

OEUVRES

DE

MOLIERE

ILLUSTRATIONS

PAR

JACQUES LEMAN

NOTICES

PAR

ANATOLE DE MONTAIGLON

PARIS

CHEZ EMILE TESTARD ET C¹ᴱ EDITEURS

10 RUE DE CONDÉ

M.DCCC.LXXXVIII

NOTICE

DE

DOM JUAN OU LE FESTIN DE PIERRE

ON JUAN est certainement la Pièce de Molière qu'on a, non pas surfaite, mais grandie et enflée à plaisir, faute de la voir et de la remettre à son heure et dans son milieu. Alors qu'il l'appelait Comédie, et, malgré les scènes sérieuses, c'en est bien une où Sganarelle est aussi important que son maître, on a fini par en faire une chose énorme. Les œuvres des hommes de génie ont d'ailleurs toujours eu ce bénéfice, qui leur est du reste bien dû, d'être augmentées, avec le temps, par tout ce que leur ajoutent, même inconsciemment, la suite et la continuité de l'interprétation et de l'admiration ; ils seraient, s'ils le pouvaient savoir, bien étonnés de tout ce qu'on trouve chez eux sans qu'ils aient songé à l'y mettre. Don Juan est devenu le séducteur irrésistible, l'amour même, le roi et le tyran de la passion, la grâce et la terreur, la comédie de cape et d'épée, le drame romanesque, l'aurore, le lever de soleil du romantisme tragi-comique, et la synthèse d'un type.

On voit trop Molière au travers du *Don Giovanni* de Mozart, le chef-d'œuvre du drame musical. Le libretto de Lorenzo da Ponte, qui, dans ses Mémoires, trouve, avec naïveté ses paroles supérieures à la musique, vient beaucoup moins de Molière que des pièces italiennes ; mais c'est l'œuvre de Mozart qui est le point de départ de l'apothéose de la légende. A sa suite, le Conte d'Hoffmann, ce merveilleux récit d'une représentation, le poëme de Byron qui n'a pris à Don Juan que son nom, les strophes étincelantes de Namouna, sont des traces du développement moderne, non pas tant du premier drame Espagnol que des Pièces italiennes et françaises, que Molière a connues et qu'il a suivies.

Maintenant que les littératures étrangères sont mieux étudiées et que *Le Séducteur de Séville, ou Le convive Statue*, est remis en pleine lumière, maintenant que les curieux de Molière ont réimprimé les méchantes Pièces françaises, ses contemporaines, qu'il a pâlies et éclipsées, la chose est bien claire et bien visible. *Don Juan* est de toute façon une Pièce de circonstance et une improvisation à deux fins.

D'un côté, c'est le Directeur d'une Troupe, forcé de la fournir de Pièces nouvelles, qui, ne pouvant jouer le *Tartuffe* interdit, ce *Tartuffe* qu'il considérait à juste titre comme l'une de ses grandes batailles, cherche par quoi il le pourrait remplacer. Les Italiens avaient si bien fait connaître à Paris leur *Don Juan,* mélange de fantastique et de machines, comme de bouffonneries burlesques ; à leur suite, les Théâtres rivaux de sa Troupe avaient trouvé bons à prendre le sujet, le titre et le succès. Molière en a fait autant ; il a pris, lui aussi, le sujet et le succès ; il lui était aussi facile qu'aux autres de faire marcher le fantôme blanc d'une statue et de faire sortir des flammes d'une trappe. Il n'avait besoin d'inventer ni les situations, ni l'action ; il lui suffisait de les récrire pour être sûr de faire mieux et de lutter avec les Troupes rivales.

D'un autre côté, il y a vu le moyen, en faisant faire « l'Hypocrite » à son héros, de redessiner un *Tartuffe* d'une autre sorte et de défendre le sien. Le cinquième acte, avant la catastrophe finale, est, dans un autre ton, la même chose que sa *Critique de l'Ecole des Femmes*, un plaidoyer *pro domo suâ*, et ses contemporains ne s'y sont pas trompés. Voilà les deux raisons d'être de *Don Juan,* faire profiter son Théâtre d'un sujet connu et en vogue, et s'en servir indirectement comme moyen de défense dans une question qui intéressait à la fois sa Troupe et sa personne.

Don Juan est un type poëtique, héroïque, philosophique et démocratique. Cela est convenu, et il est tout cela quand on veut qu'il le soit ; mais il ne faut pas regarder longtemps pour trouver qu'il en est tout autrement. Done Elvire, le père de Don Juan, la Statue du Commandeur sont le lien dramatique qui traverse tout et mène au dénouement, mais que d'écoles buissonnières sur le chemin. Don Juan n'est pas un seul caractère; il est tantôt d'une façon, tantôt d'une autre; il est de races et même de classes différentes. Il est profond et il est frivole; il est Espagnol et il est Français; c'est même encore un Marquis, une nouvelle peinture de l'homme de Cour, non pas seulement léger et ridicule, mais foncièrement méchant, poussant l'égoïsme et la vanité à se croire tout permis, jusqu'à la malhonnêteté et au parjure; mais son caractère ne se tient pas. Il n'y a pas seulement deux hommes en lui, mais beaucoup plus et presque sans liaison entre eux.

En même temps, quel singulier Grand Seigneur, qui s'amuse à discuter avec son Domestique comme avec un égal, en ayant toujours tort devant l'honnête gros bon sens du Valet; qui lui parle à cœur ouvert, jusqu'à lui dire qu'il se fait hypocrite, ce qui est le contraire même de l'hypocrite, dont la seule force est précisément de l'être en faisant croire et en persuadant qu'il ne l'est pas. A quoi tiennent l'excellente scène du brave Monsieur Dimanche et le charmant épisode des deux paysannes ? On les pourrait retrancher de l'action; ils n'y sont attachés que comme avec des épingles. Dans la Pièce Espagnole, comme dans la partition de Mozart, il y a plus de femmes et de vraies femmes de la classe de Don Juan. Il y est bien autrement l'amoureux irrésistible et fatal, qui n'a qu'à paraître pour vaincre ou pour tout prendre de force. Ici, surtout avec Charlotte et Mathurine, son grand moyen, c'est de promettre le mariage; un coq de village en ferait bien autant, et, comme le dit irrévérencieusement Musset :

> C'est l'ombre d'un Roué, qui ne vaut pas Valmont.

Si, dans ses sources, Molière n'avait pas trouvé la situation — il l'a d'ailleurs renouvelée en y mettant deux femmes au lieu d'une seule — on aurait pu penser qu'il avait repris une de ses vieilles Farces de Province en habillant un Grand Seigneur en paysan à bonnes fortunes.

Quant à la scène de Monsieur Dimanche, que Diderot a plus tard calquée, cela pourrait bien être. C'est si bien la Farce du Débiteur et du Créancier, aussi entière et complète que les Farces du Moyen-Age ou des Italiens, qui se limitaient, sans action, à une seule situation et à une seule scène. Telle qu'elle est, on la pourrait jouer à part; elle n'a besoin de rien que d'elle-même et, dans une de ces représentations de gala, que l'on compose de fragments qui perdent le plus souvent à être détachés de l'ensemble, elle serait complète à elle seule et ne semblerait pas avoir été autrement.

En somme, les parties disparates du Don Juan sont, ou si spirituelles, ou si comiques, ou si fortes qu'on est pris par chacune d'elles, qu'on s'y abandonne et qu'on ne pense pas à leur demander d'être autrement qu'elles ne sont. On a dit récemment, pour donner raison à ces discordances, que Molière avait voulu de cette façon peindre les évolutions successives du caractère de Don Juan, d'abord jeune, frivole, uniquement amoureux du plaisir, puis raisonnant pour se justifier à lui-même sa conduite, et enfin ayant l'air de se faire ermite quand il va devenir vieux. C'est, à coup sûr, ingénieux, mais au delà de la vérité. *Don Juan*, pour parler à la moderne, c'est une pièce à tiroirs, une sorte de *Revue*, dont Sganarelle, plus un que son Maître, est le Compère, quoiqu'il ne la mène pas.

En tout cas, il est intéressant de rappeler les prédécesseurs de Molière. On ne sait encore rien de bien positif sur la légende Andalouse, et l'on a parlé d'un *auto sacramental* qui aurait été joué dans les Couvents d'Espagne sous le titre d'*Ateista fulminado*, titre qui se retrouve dans celui de la pièce de Dorimond, postérieure à Molière; mais le vrai point de départ de tous les Don Juan, est *El Burlador de Sevilla y Combibado di pietra*, écrit en vers de huit pieds comme tout le théâtre Espagnol. Son auteur, Gabriel Tellez, qui prit l'habit religieux de Notre-Dame de la Merci vers 1613, — Lope de Vega et Calderon ont aussi été Religieux, — est connu sous le pseudonyme de Tirso de Molina, du lieu où il était peut-être né, car il y a deux petites villes de ce nom en Espagne, l'une près de Murcie et l'autre dans la Castille nouvelle; il mourut en 1648, à soixante-dix-huit ans.

Il affirme en 1624 que ses Comédies furent composées dans l'espace de quatorze années, et son théâtre fut imprimé par lui en 1627; son Don Juan est donc au moins du premier quart du XVIIᵉ siècle. L'action commence à Naples, où, se faisant passer pour le Duc Ottavio, il abuse une Duchesse Isabelle; avec l'aide de son oncle, il passe en Espagne et, à la suite d'un naufrage, rencontre la pêcheuse Tisbea, une Gongoriste enthousiaste, jusqu'alors insensible, qui se donne à lui en lui faisant promettre le mariage, et se jette à la mer de désespoir de son abandon. A Séville, il s'introduit près de Done Anna sous le nom de son ami, un cousin qui doit être son mari, et tue le vieux Commandeur, attiré par les cris de sa fille. Forcé de quitter Séville, il se substitue, auprès de la paysanne Aminte, au paysan qu'elle croyait épouser. Revenu à Séville, il entre dans la Chapelle funéraire du Commandeur, qui l'invite à son tour pour le lendemain. C'est à ce second souper que Don Juan reçoit la punition de tous ses crimes, et la Pièce se termine, grâce au Roi, par une série de mariages, qui réparent les offenses du séducteur. On voit par là les ressemblances et les différences avec les Pièces qui suivront.

Malgré les saillies du valet Catalinon, la Pièce est tragique, et surtout elle est pieuse. Don Juan y est un débauché, un violent, un parjure, un assassin, qui s'abandonne à toutes ses passions, mais il n'est ni impie, ni athée; il remet à plus tard, — il en aura bien le temps quand il ne sera plus jeune, — la vertu et la pénitence; mais, au moment d'être englouti, il demande un Prêtre pour le confesser et l'absoudre. C'est un côté profondément Espagnol, qui n'a pas passé dans les imitations italiennes.

On a voulu prouver que Molière n'a pas connu Tirso à cause de la confusion et de l'erreur du titre « le Festin de Pierre », qui serait une bien mauvaise traduction du *Combibado di pietra, Le convive, ou le convié de pierre*, mais les imitations l'ont faite avant lui; ce titre du *Festin de pierre* pouvait bien être pris pour le *Festin de la statue de pierre*, à moins que cela ne vienne du nom de Dom Pierre, donné au Commandeur par Dorimond, mais Molière n'y est pour rien. Pour bien montrer que son sujet était le même que celui dont il voulait s'approprier le succès, il en a pris le titre; il avait intérêt à ne pas le changer. On se rappelle le mot de la Statue : « On n'a pas besoin de lumière, quand on est conduit par le Ciel »; il y a dans Tirso : « Ne m'éclaire pas; je suis en état de grâce », mais cela ne prouve rien, puisque la réponse a passé dans les imitations italiennes; ainsi dans Cicognini : « Dis-moi, veux-tu de la lumière ? — Je n'ai plus besoin de lumière terrestre ». Un détail serait plus concluant; la chute du sonnet d'Oronte dans le *Misanthrope*, qui est de 1666 : « Belle Philis, on désespère, — Alors qu'on espère toujours », a bien l'air de venir d'un refrain d'une chanson dans le *Burlador* : « Celui qui n'a que l'espérance d'un bien

—Désespère quand il espère ». Molière a pu voir la Pièce de Tirso si elle a été jouée à Paris par les Comédiens Espagnols, et en tous cas il a pu la lire, mais il est certain que les Pièces italiennes et leurs premières copies françaises ont été plus imitées par lui que le drame, espagnol et catholique, de Tirso de Molina ; c'est par elles que la France a connu Don Juan.

On sait qu'Onofrio Giliberti fit représenter à Naples en 1652 un *Convitato di pietra*, qui y fut imprimé la même année; mais personne ne l'a vu, et l'on ne sait pas davantage s'il a été joué à Paris par les Comédiens Italiens, qui, sous la protection du Cardinal Mazarin, ont joué au Petit-Bourbon vers 1657.

Ce qui est sûr, c'est que l'acteur Dorimond, dont la troupe était protégée par Mademoiselle, joua, en novembre 1658, à Lyon, pendant le passage de Louis XIV, l'y imprima en 1659 et reprit en 1661, à Paris, rue des Quatre-Vents, c'est-à-dire près du Palais du Luxembourg, où demeurait Mademoiselle après la mort de Gaston, sa Comédie du *Festin de Pierre*. C'est donc lui qui a trouvé ce malheureux titre et l'a imposé à ses successeurs; il y ajoutait ce sous-titre : *ou le fils criminel*, qu'il changea, après la Pièce de Molière, en celui de : *ou l'Athée foudroyé*. Elle est en vers, qui sont loin d'être bons.

Un an après la pièce de Dorimond à Lyon, le Sieur de Villiers, Comédien de l'Hôtel de Bourgogne à Paris, y fit jouer, sous le même titre, *Le festin de Pierre, ou le fils criminel*, tragi-comédie traduite de l'Italien; les vers n'en sont meilleurs que parce qu'ils sont moins mauvais. La ressemblance entre l'action et les scènes des deux Pièces étant complète, il y a lieu de les croire toutes deux traduites de cette Pièce de Giliberti, dont l'édition a échappé jusqu'ici à toutes les recherches et qui doit être l'original commun de Dorimond et de Villiers; toutes deux commencent à insister sur l'impiété de Don Juan.

A la même époque, Andrea Cicognini, dont on connaît une pièce de 1656 et qui mourut avant 1664, fit en Italie un nouveau *Convitato di pietra* en prose; elle eut un grand succès, si l'on en juge par ses nombreuses éditions, sans date ou postérieures au *Don Juan* de Molière. Cicognini a certainement connu Tirso de Molina, car, malgré l'exagération italienne du rôle du Valet, c'est à l'original espagnol qu'il se rapporte le mieux.

De plus, en dehors de ces Pièces, il y avait, au Théâtre Italien de Paris, le Don Juan — ce titre ne date que de Molière — bouffon, burlesque, plein de pantalonnades, de lazzis, de sauts de carpe et de clowneries, dont on voit la dernière trace dans le scénario d'Arlequin-Dominique, recueilli par Gneulette au XVIIIe siècle. Robinet parle en 1673 du *Festin de Pierre* des Italiens avec la musique de Cambert; c'est forcément la reprise d'une pièce antérieure puisqu'après avoir, avec Perrin, créé l'Opéra en France, avant Quinault et Lulli, Cambert avait été forcé de passer en Angleterre dès 1672. En réalité, c'est la Troupe Italienne qui a fait en France, avec ses arlequinades, le succès du sujet, qui l'a fait pénétrer et l'a popularisé dans le monde littéraire.

Boileau a écrit dans sa troisième Satire, celle du repas ridicule :

> *A tous ces beaux discours j'étois comme une pierre,*
> *Ou comme la Statue est au Festin de Pierre.*

Parce qu'il y parle d'une lecture du *Tartuffe*, encore interdit, on a pensé qu'il s'agissait de la Pièce de son ami, mais nous savons de Boileau lui-même que sa Satire était écrite avant *Don Juan*, et que son allusion vise les Farces des Italiens, dont elle est une raillerie. Un peu plus tard, en 1677, Saint-Evremont dans ses « Réflexions sur les Tragédies » était du même avis que Boileau : « Pour les tragédies des Italiens, elles ne valent pas la peine qu'on en parle. Les nommer seulement est assez pour inspirer de l'ennui. Leur *Festin de Pierre* feroit mourir de langueur un homme assez patient, et je ne l'ai jamais vu sans souhaiter que l'auteur de la pièce fût foudroyé avec son athée. »

Comme on voit, si, malgré les changements, tout part de Tirso de Molina Molière avait sous la main à Paris tous les éléments de son remaniement. Ce qui est étonnant, c'est qu'en ayant tant emprunté aux autres, il y ait ajouté une note personnelle et une valeur si supérieure et si victorieuse.

Sa Pièce, avec cinq décors et des machineries — il fallait faire comme les autres Théâtres — fut jouée, pour la première fois, le dimanche gras 1665 et, pour la dernière, le vendredi 20 mars avant le dimanche de la Passion, après avoir eu quinze représentations ininterrompues. Quand le Théâtre rouvrit après Pâques, le mardi 14 après le dimanche de la Quasimodo, la Pièce ne reparut plus.

XIV.   *b*

On a dit souvent qu'elle n'avait pas eu de succès. Le Registre de *Lagrange* en fait juger autrement ; il constate que les recettes ont varié de 2,390 à 500 livres et, si celles des quinze premières représentations du *Tartuffe*, en 1669, sont un peu plus fortes, la différence n'est pas très grande. Il est donc probable que les influences qui arrêtaient le *Tartuffe* intervinrent de même ; on le dut faire dire à Molière, et, comme il tenait surtout à obtenir la levée de l'interdiction du *Tartuffe*, il obéit, pour ne pas compromettre l'espoir qu'il nourrissait de la faire lever. Ce qui le prouve, c'est qu'il voulait faire imprimer *Don Juan*, car on sait que le Libraire Billaine demanda et obtint le 11 mars, c'est-à-dire après la onzième représentation, un privilège, qui fut enregistré à la Chambre des Libraires le 11 mai. L'impression aurait été aussi nuisible au *Tartuffe* que la suite des représentations du *Don Juan*, que Molière ne publia jamais ; mais, comme pour le *Tartuffe*, on imprima une attaque et deux défenses.

L'attaque est intitulée « Observations sur une Comédie de Molière, intitulée *le Festin de Pierre*, par B.-A., Sieur de Rochemont, advocat en Parlement ; elle parut en avril, et, dans le courant de l'année, elle fut plusieurs fois réimprimée, et même contrefaite. On n'a pas encore éclairci d'une façon certaine le nom réel de l'auteur, mais il est au moins visible qu'il avait des attaches Jansénistes, peu tendres, on le sait, pour tout ce qui touchait au théâtre. En reprenant l'attaque des prétendues impiétés de l'*Ecole des Femmes* et de celles du *Tartuffe*, il traite Molière d'athée, son *Don Juan* d'école d'athéisme, et il appelle sur lui plus que les sévérités du Roi.

Les deux défenses parurent la même année chez Quinet, et toutes deux aussi avec permission. La première est intitulée : « Réponse aux Observations touchant *le Festin de Pierre* de M. de Molière » ; elle témoigne de plus de bonne volonté que de talent. La seconde, « Lettre sur les Observations d'une comédie du sieur Molière intitulée *le Festin de Pierre* », est beaucoup plus remarquable ; on l'a même attribuée à Molière, ce qui n'est nullement justifié, mais elle vient d'un habile homme et d'un ami ; il montre bien que c'est la suite de la campagne contre le *Tartuffe* et que c'est lui qui continue à être en cause. A la fin, dans une « Apostille », il donne, après ses défenses, une dernière raison, très démonstrative, c'est que le Roi vient de donner à Molière et à ses Comédiens, qui cessaient d'être à Monsieur et devenaient la Troupe du Roi, une pension de six mille livres. C'était en août, et par conséquent la preuve que, malgré l'interdiction du *Tartuffe* et l'interdit officieux du *Don Juan*, Molière était toujours dans les bonnes grâces du Roi.

Le vrai *Don Juan* disparu depuis quatre ans de l'affiche, un autre Comédien, Claude La Rose, Sieur de Rosimond, trouva que le sujet et le succès étaient bons à ramasser et que le vers y vaudrait mieux que la prose. Il fit représenter une tragédie-comédie en cinq actes qu'il appela *Le nouveau Festin de Pierre, ou l'Athée foudroyé*, et qui fut imprimée l'année suivante. Molière y a marqué sa trace, et, s'il nous étonne qu'un contemporain ait essayé de refaire un chef-d'œuvre, comme s'il était non avenu, il n'en est pas moins vrai que la Pièce de Rosimond est bien au-dessus de celles de Dorimond et de Villiers. Il est bon de remarquer aussi qu'aucune de leurs trois Pièces ne fut inquiétée ni attaquée; on y aurait trouvé autant d'impiétés que dans Molière, mais c'était à lui qu'on en voulait; c'est un honneur dont il se serait volontiers passé.

L'Angleterre ne figure dans la liste des *Don Juan* que par une Pièce anonyme, *Don Juan, ou le Libertin puni*, jouée au Royalty Théâtre en 1787 et, un siècle avant, par une Pièce plus célèbre, celle de Thomas Shadwell, mort en 1692. Elle fut jouée en 1676 par les Comédiens du Duc d'York et elle est imitée à la fois, comme Shadwell le dit lui-même, de Dorimond, de Villiers, de Molière et de Rosimond. L'auteur, qui multiplie les Spectres, a plus de bouffonneries que de comique et on la dit particulièrement grossière.

En France, devant le succès que la Troupe Italienne continuait et les Comédiens du Roi n'osant pas reprendre le *Don Juan* de Molière, sa veuve pria Thomas Corneille de le mettre en vers. Avec ce nouvel habit il fut représenté « avec beaucoup de luxe », le 12 février 1677, sur le Théâtre de l'Hôtel Guénégaud. La Troupe acheta la Pièce, le 8 mars, deux mille cinq cents livres, et la Comédie-Française possède la quittance d'Armande Béjart, en date du 3 juillet, de la somme totale, qui fut partagée entre celle-ci, propriétaire de l'œuvre encore inédite de son mari, et le metteur en vers.

C'est sa refonte que la Comédie-Française joua depuis cette époque jusqu'après 1830, et jamais arrangeur n'a été à la fois plus respectueux et plus adroit. A coup sûr, c'est très élégamment spirituel, mais plus faible, plus léger, plus mince, et l'accent ne sonne plus aussi fièrement. Si Thomas Corneille a enlevé presque tout ce qui « blessoit la délicatese des scrupuleux », toute la scène du Pauvre naturellement et le mot final de Sganarelle sur ses gages; s'il a forcément moins patoisé le langage de Pierrot et des deux paysannes; s'il a expurgé et atténué; si, pour donner à Don Juan une victime de plus, il a ajouté, au troisième acte et au cinquième acte, en s'inspirant des Pièces antérieures, une Léonor et sa vieille tante, aussi inutiles l'une que l'autre, il a conservé, sans trop l'affaiblir, le ton comique de la scène bourgeoise de M. Dimanche, le beau rôle de Don Louis, le grand couplet de Don Juan se faisant Hypocrite, et, malgré les difficultés de la rime, il a gardé le plus possible de la prose de Molière, qu'il a presque copiée en beaucoup d'endroits. On ne pourrait supposer que, dans ce travail de transposition, personne eût jamais pu faire aussi bien. C'est une agréable Comédie dans le Théâtre de Thomas Corneille, qui en a fait de charmantes; ce serait presque un chef-d'œuvre, si ce n'était pas une copie.

En Italie, il y eut, l'année suivante, un nouveau *Don Juan* du Palermitain Andrea Perucci, imprimé à Naples en 1678 et remanié en 1690 par un anonyme sous le nom d'Enrico Preudarca. Il faut que le sujet de Don Juan fût toujours considéré comme une attraction pour le public, puisqu'à Paris Champmeslé fit jouer à l'Hôtel de Bourgogne, le 6 mai 1682, une petite Pièce en deux actes, *Les Fragments de Molière*, qui fut imprimée la même année chez Ribou. Sganarelle y devient Gusman ; deux nouveaux amoureux voudraient disputer Charlotte à Pierrot; il a supprimé Mathurine, et il a ajouté un Juge, père de Charlotte, à qui Gusman fait peur dans une scène qui rappelle vaguement celle du père dans les *Fourberies de Scapin*. Il n'y a de pris à Molière que les deux grands morceaux des scènes de Pierrot, de Charlotte et de Don Juan, puis celle de M. Dimanche, qui arrive en bateau. Le cadre nouveau est plus que médiocre, mais les deux parties empruntées à Molière ont dû suffire à attirer le public, et peut-être Champmeslé a-t-il voulu profiter de l'attente où l'on était de la publication du *Don Juan* dans les Œuvres posthumes, dont le Privilége est du 20 août et l'achevé d'imprimer du dernier jour de décembre 1682.

Il faut encore dire au moins quelques mots de cette première édition de *Don Juan*. La Grange avait, comme il convenait, donné le texte original, sans tenir compte des coupures qu'on avait déjà peut-être faites dans les représentations de 1665. Il fallut, par ordre évidemment, se résoudre à faire des cartons, à modifier, à atténuer certains passages, et à supprimer la plus grande partie de la scène du Pauvre, une de celles qui avaient soulevé le plus d'orage, bien qu'elle fût déjà en germe dans la scène de Don Juan et du Pèlerin dans la Pièce de Tirso. Voltaire l'avait connue et l'avait citée en partie d'après une copie manuscrite, dans la suite des Préfaces qu'il avait écrites pour la grande édition du Molière de 1734 et qu'il imprima à part, de son côté, pour ne pas perdre son travail. De notre temps, on a fait grand bruit, et avec raison, de la découverte d'un exemplaire non cartonné, qui avait été conservé par le Lieutenant de police La Reynie. Il a appartenu depuis à M. Simonin, à M. de Soleinne, à M. Bertin ; il n'est plus unique aujourd'hui, mais c'est toujours une rareté de premier ordre. C'est d'après lui que M. Simonin a rétabli le texte de cette scène du Pauvre dans son édition de 1813 et Pierre Didot dans celle de 1817.

Depuis elle est maintenant courante, mais il est curieux qu'elle n'ait jamais été perdue et qu'on l'ait toujours possédée. Depuis qu'on a étudié avec plus de soin la bibliographie de Molière, on a constaté qu'elle se trouve dans les vieilles contrefaçons étrangères, d'abord dans celle d'Amsterdam, Henri Weststein, de 1683, ensuite et après lui, dans celle de Bruxelles, Georges de Backer, en 1694, et dans celle de Berlin, Robert Roger, en 1700 ; la traduction italienne de Nicolas Castelli, Leipsick, Gleditch, 1696-8, la donne également. Il lui restait à reparaître sur la scène, ce qui lui arriva quand de nos jours on remit enfin au théâtre le vrai, le seul *Don Juan* de Molière, celui en prose, au lieu de celui de Thomas Corneille. C'est l'Odéon qui en prit l'initiative en 1841, mais ce qui fut une vraie solennité et comme une rentrée triomphale dans sa maison, ce fut la soirée des Français du 15 janvier 1847 ; j'y étais et je m'en souviens encore. La Troupe avait tenu à donner tout entière.

Ligier, habillé par Dévéria comme un des Gueux de la suite de Callot, avait demandé d'y jouer le bout de rôle du Pauvre; Maubant, qui depuis a été si remarquable dans le rôle de Don Louis, y faisait la Statue du Commandeur; Régnier Pierrot, Anaïs Mathurine, Augustine Brohan Charlotte, Samson M. Dimanche, Geffroy Don Juan. De tous ceux que j'ai vus dans ce rôle, c'est certainement lui qui l'a joué avec le plus de maîtrise, qui y avait le plus de mordant, et qui y a eu le plus grand air.

Au xviiiᵉ siècle, l'Espagne intervient de nouveau. Antonio de Zamora, mort vers 1730, y a refait un *Don Juan* sous le titre de « Point d'échéance qui n'arrive et de dette qui ne se paie, ou le Convive de pierre », qui est sa meilleure œuvre et se trouve dans son *Théâtre*, imprimé en 1744. Elle ne relève que de Tirso, dont son œuvre est une refonte, compliquée par l'addition d'incidents et d'épisodes nouveaux, mais son Don Juan n'est qu'un débauché, qui meurt en se repentant.

C'est en 1736 que Goldoni fit jouer à Venise un *Don Juan Tenorio, ou le Libertin*. Il admirait beaucoup Molière, auquel il a fait plus d'un emprunt et à la personne duquel il a consacré une autre de ses comédies; mais, à côté de lui, Thomas Corneille est une merveille de fidélité et de vigueur. S'il garde la foudre de la fin, il supprime tout simplement la Statue, c'est-à-dire le nœud même du drame. Il est vrai qu'il la remplace, dans son horreur pour la farce et le merveilleux qu'il condamne dans Molière et dans Tirso de Molina, par l'addition de ses mésaventures personnelles avec une actrice, l'infidèle Passalacqua. Il a voulu, dit-il, éviter le comique trivial pour être plus noble, plus vrai, et donner un exemple du comique raisonné. L'on voit à quels beaux résultats il peut arriver; dans la sentimentalité philosophique de son *Théâtre bourgeois*, c'est une de ses pièces les plus faibles.

En France, l'œuvre du maître n'a plus eu de plagiaires; le *Don Juan* de la Foire Saint-Germain, joué en avril 1743, est une parade en vaude-villes, chantés sur des airs connus, et *Le grand Festin de Pierre*, joué à la Foire Saint-Laurent en 1746, n'est qu'une pantomime. Il est vrai que l'Allemagne n'a d'abord connu Don Juan que sur les théâtres de marionnettes, où il était aussi populaire que Faust; mais elle a large-ment payé sa dette du côté de la musique. Le premier nom qu'on y rencontre est même presque inattendu ; c'est celui de Gluck, qui, en 1761, a écrit la musique d'un Ballet sur un scénario d'Angiolini qui a dû partir de Goldoni puisque, me dit-on, la statue est de même absente. Une artiste, Sara Goudar, qui le vit représenté en Italie dix ans après, dit, dans ses « Remarques sur la musique italienne et la danse »; que la musique de ces quatre actes était admirable. On en a imprimé, à Berlin, chez Wetstein, un arrangement pour le clavecin ; une de nos Sociétés de concerts devrait bien se préoccuper de nous le faire entendre. La musique n'est pas comme le livre ; elle n'est connue et vraiment appréciée que si elle est exécutée, et de la musique de Gluck sur Don Juan serait bien intéressante à faire revivre. En 1777, Vincenzo Righini fit représenter à Prague un Opéra de Don Juan, forme pour laquelle le sujet était tout indiqué, et, dix ans après, Mozart en fit le plus incomparable peut-être de ses chefs-d'œuvre ; il suffira de rappeler qu'il fut aussi écrit pour Prague, où il fut joué pour la première fois le 4 novembre 1787. Si l'œuvre de Gluck n'est connue que de quelques érudits, celle de Mozart a fait le tour du Monde et reste aussi jeune et aussi vivante qu'au premier jour. Il semblerait que, devant sa valeur, les musiciens n'avaient qu'à se taire ; ce n'a pas été l'avis des Italiens. Grazzaniga en a fait pour Bergame un nouvel Opéra en 1788, et Jacopo Tritto un autre pour Milan en 1796; il y a des gens qui ont vraiment plus que du courage.

Enfin la Russie est descendue dans l'arène. On a traduit en français le Don Juan d'Alexandre Pouchkin, mort jeune en 1837, scène dramatique qui, sans l'imiter, relève plutôt de Byron, et Alexis Tolstoy a écrit sur Don Juan un poème dramatique où son héros, cherchant l'idéal et mené par Satan, comme Faust par Méphistophélès, est sauvé par un amour vrai et finit sa vie dans un cloître ; on citerait en France plus d'un livre moderne sur la réhabilitation, le repentir et le pardon final de Don Juan. C'est aussi ce qu'on trouve en Espagne dans le *Don Juan Tenorio* de Don José Zorilla, drame religieux et fantastique en deux parties, qui date de 1844, où Don Juan, sauvé par le pur amour de Dona Inès d'Ulloa, reçoit son pardon de la miséricorde divine. Malgré un sentiment analogue, mais encore plus ardent, qui le rattache à l'œuvre de son compatriote Tirso, c'est une œuvre géniale, personnelle et toute nouvelle, d'une poésie étrange et d'une rare vigueur. Elle n'est qu'Espagnole sans rien d'Italien ni de Français, et elle est si populaire dans son pays que, tous les ans, comme un *anto sacramental*, on la joue le Jour des Morts.

Le cycle de Don Juan, sur lequel il y aurait à écrire un beau livre, ne s'est donc pas arrêté à Molière, mais c'est lui qui l'a imposé à la postérité. On l'a changé, on l'a grandi, et c'est ce qui trompe quand on veut voir dans l'œuvre du grand Comique ce qu'il n'y a certainement pas mis. Il a pris un sujet qui avait du succès; il ne l'a fait qu'en prose pour arriver plus vite; il y a mis une défense de son *Tartuffe*. Presque tout ce qu'il a récrit, et écrit, se retrouve, à l'état d'indication au moins, dans les méchantes Pièces dont il s'est servi et qu'il a directement imitées. Ce qui ne s'y trouve pas, c'est sa forme, c'est son esprit, sa force comique et son grand accent. Son *Don Juan* ne se tient pas; il est plein de morceaux qui pourraient aussi bien en être absents, mais ce n'en est pas moins l'un de ses grands chefs-d'œuvre. Il serait plus juste encore et plus vrai de dire que ce sont beaucoup de chefs-d'œuvre en un seul.

ANATOLE DE MONTAIGLON.

DOM JUAN

OU

LE FESTIN DE PIERRE

DOM JUAN

M . DC . LXV

DOM JUAN

OU

LE FESTIN DE PIERRE

COMEDIE

PAR

J.B.P. DE MOLIERE

REPRESENTÉE POUR LA PREMIERE FOIS,
LE QUINZIEME FEVRIER 1665,
SUR LE THEATRE DE LA SALLE DU PALAIS ROYAL
PAR LA TROUPPE DE MONSIEUR
FRERE UNIQUE DU ROY

M . DC . LXXXII .

PERSONNAGES

Dom JUAN, Fils de Dom Louis.

SGANARELLE, Valet de Dom Juan.

ELVIRE, Femme de Don Juan.

GUSMAN, Escuyer d'Elvire.

Dom CARLOS,
Dom ALONSE, } Frères d'Elvire.

Dom LOUIS, Père de Dom Juan.

FRANCISQUE, Pauvre.

CHARLOTTE,
MATHURINE, } Paysannes.

PIERROT, Paysan.

La STATUE du COMMANDEUR.

LA VIOLETTE,
RAGOTIN, } Laquais de Dom Juan.

Monsieur DIMANCHE, Marchand.

LA RAMÉE, Spadassin.

Suitte de Dom Juan.

Suitte de Dom Carlos et de Dom Alonse, frères.

Un Spectre.

La Scène est en Sicile.

DOM JUAN

ou

LE FESTIN DE PIERRE

COMEDIE

ACTE PREMIER

SCÈNE PREMIÈRE

SGANARELLE, GUSMAN

SGANARELLE, *tenant une tabatière*

Uoy que puisse dire Aristote, et toute la Philosophie, il n'est rien d'égal au Tabac ; c'est la passion des honnestes gens, et qui vit sans Tabac n'est pas digne de vivre. Non seulement il réjouit, et purge les cerveaux humains, mais encore il instruit les ames à la vertu, et l'on apprend avec luy à devenir honneste homme. Ne voyez-vous

XIV.   I

pas bien, dès qu'on en prend, de quelle manière obligeante on en use avec tout le monde, et comme on est ravy d'en donner, à droit, et à gauche, partout où l'on se trouve? On n'attend pas mesme qu'on en demande, et l'on court au devant du souhait des gens, tant il est vray que le Tabac inspire des sentimens d'honneur, et de vertu, à tous ceux qui en prennent. Mais c'est assez de cette matière; reprenons un peu nostre discours. Si bien donc, cher Gusman, que Done Elvire, ta Maistresse, surprise de nostre départ, s'est mise en Campagne après nous; et son cœur, que mon Maistre a sçeu toûcher trop fortement, n'a pû vivre, dis-tu, sans le venir chercher icy? Veux-tu qu'entre nous je te dise ma pensée? J'ay peur qu'elle ne soit mal payée de son amour, que son voyage en cette Ville produise peu de fruit, et que vous eussiez autant gagné à ne bouger de là.

GUSMAN

Et la raison encore, dy-moy, je te prie, Sganarelle, qui peut t'inspirer une peur d'un si mauvais augure ? Ton Maistre t'a-t-il ouvert son cœur là-dessus, et t'a-t-il dit qu'il eust pour nous quelque froideur qui l'ait obligé à partir.

SGANARELLE

Non pas, mais, à veue de païs, je connois à peu près le train des choses, et, sans qu'il m'ait encore rien

dit, je gagerois presque que l'affaire va là. Je pourrois
peut-estre me tromper, mais enfin, sur de tels sujets,
l'expérience m'a pû donner quelques lumières.

GUSMAN

Quoy, ce départ, si peu préveu, seroit une infidélité
de D. Juan? Il pourroit faire cette injure aux chastes
feux de D. Elvire?

SGANARELLE

Non, c'est qu'il est jeune encore, et qu'il n'a pas le
courage.

GUSMAN

Un homme de sa Qualité feroit une action si lâche ?

SGANARELLE

Eh oüy; sa Qualité! La raison en est belle, et c'est
par là qu'il s'empescheroit des choses.

GUSMAN

Mais les saints nœuds du Mariage le tiennent
engagé.

SGANARELLE

Et! mon pauvre Gusman, mon amy, tu ne sçais pas
encore, croy-moy, quel homme est D. Juan.

GUSMAN

Je ne sçay pas de vray quel homme il peut estre,
s'il faut qu'il nous ait fait cette perfidie; et je ne com-

prends point, comme, après tant d'amour, et tant
d'impatience témoignée, tant d'hommages pressants,
de vœux, de soûpirs, et de larmes; tant de lettres pas-
sionnées, de protestations ardentes, et de sermens réi-
térez; tant de transports, enfin, et tant d'emportemens
qu'il a fait paroistre, jusqu'à forcer dans sa passion
l'obstacle sacré d'un Convent, pour mettre D. Elvire
en sa puissance; je ne comprends pas, dis-je, comme
après tout cela il auroit le cœur de pouvoir manquer
à sa parole.

SGANARELLE

Je n'ay pas grande peine à le comprendre, moy, et
si tu connoissois le pèlerin, tu trouverois la chose
assez facile pour luy. Je ne dis pas qu'il ait changé de
sentimens pour D. Elvire, je n'en ay point de certitude
encore; tu sçais que par son ordre je partis avant luy,
et depuis son arrivée il ne m'a point entretenu, mais
par précaution, je t'apprends, *inter nos*, que tu vois en
D. Juan, mon Maistre, le plus grand scélérat que la
Terre ait jamais porté, un enragé, un chien, un Diable,
un Turc, un Hérétique, qui ne croit ny Ciel, ny Enfer,
ny loup-garou, qui passe cette vie en véritable beste
brute, en pourceau d'Epicure, un vray Sardanapale, qui
ferme l'oreille à toutes les remontrances chrestiennes
qu'on luy peut faire, et traite de billevezées tout ce
que nous croyons. Tu me dis qu'il a épousé ta Maî-

tresse; croy qu'il auroit plus fait pour sa passion, et qu'avec elle il auroit encore épousé toy, son chien, et son chat. Un Mariage ne luy coûte rien à contracter; il ne se sert point d'autres pièges pour attraper les belles, et c'est un épouseur à toutes mains. Dame, Demoiselle, Bourgeoise, Païsanne, il ne trouve rien de trop chaud, ny de trop froid pour luy, et, si je te disois le nom de toutes celles qu'il a épousées en divers lieux, ce seroit un chapitre à durer jusques au soir. Tu demeures surpris, et changes de couleur à ce discours; ce n'est là qu'une ébauche du personnage, et, pour en achever le portrait, il faudroit bien d'autres coups de pinceau. Suffit qu'il faut que le courroux du Ciel l'accable quelque jour; qu'il me vaudroit bien d'estre au Diable, que d'estre à luy, et qu'il me fait voir tant d'horreurs que je souhaiterois qu'il fust déjà je ne sçay où; mais un grand Seigneur méchant homme est une terrible chose; il faut que je luy sois fidelle en dépit que j'en aye; la crainte en moy fait l'office du zèle, bride mes sentimens, et me réduit d'applaudir bien souvent à ce que mon ame déteste. Le voilà qui vient se promener dans ce Palais, séparons-nous; écoute, au moins, je t'ay fait cette confidence avec franchise, et cela m'est sorty un peu bien viste de la bouche; mais, s'il faloit qu'il en vinst quelque chose à ses oreilles, je dirois hautement que tu aurois menty.

SCÈNE II

D. JUAN, SGANARELLE

D. JUAN

Quel homme te parloit là ? Il a bien de l'air, ce me semble, du bon Gusman de D. Elvire.

SGANARELLE

C'est quelque chose aussi à peu près de cela.

D. JUAN

Quoy, c'est luy ?

SGANARELLE

Luy-mesme.

D. JUAN

Et depuis quand est-il en cette Ville ?

SGANARELLE

D'hier au soir.

D. JUAN

Et quel sujet l'ameine ?

SGANARELLE

Je croy que vous jugez assez ce qui le peut inquiéter.

D. JUAN

Nostre départ, sans doute ?

SGANARELLE

Le bon homme en est tout mortifié, et m'en deman-
doit le sujet.

D. JUAN

Et quelle réponse as-tu faite ?

SGANARELLE

Que vous ne m'en aviez rien dit.

D. JUAN

Mais encore, quelle est ta pensée là-dessus, que
t'imagines-tu de cette affaire ?

SGANARELLE

Moy, je croy, sans vous faire tort, que vous avez
quelque nouvel amour en teste.

D. JUAN

Tu le crois ?

SGANARELLE

Ouy.

D. JUAN

Ma foy, tu ne te trompes pas, et je dois t'avoüer qu'un
autre objet a chassé Elvire de ma pensée.

SGANARELLE

Eh, mon Dieu, je sçay mon Dom Juan sur le bout
du doigt, et connois vostre cœur pour le plus grand

coureur du Monde ; il se plaist à se promener de liens
en liens, et n'aime guère à demeurer en place.

D. JUAN

Et ne trouves-tu pas, dy-moy, que j'ay raison d'en
user de la sorte ?

SGANARELLE

Eh, Monsieur.

D. JUAN

Quoy, parle ?

SGANARELLE

Assurément que vous avez raison ; si vous le voulez,
on ne peut pas aller là contre, mais, si vous ne le
vouliez pas, ce seroit peut-estre une autre affaire.

D. JUAN

Et, bien je te donne la liberté de parler, et de me
dire tes sentimens.

SGANARELLE

En ce cas, Monsieur, je vous diray franchement que
je n'approuve point vostre méthode, et que je trouve
fort vilain d'aimer de tous costez comme vous faites.

D. JUAN

Quoy ? Tu veux qu'on se lie à demeurer au premier
objet qui nous prend, qu'on renonce au Monde pour
luy, et qu'on n'ait plus d'yeux pour personne ? La

belle chose de vouloir se picquer d'un faux honneur
d'estre fidelle, de s'ensevelir pour toujours dans une
passion, et d'estre mort, dès sa jeunesse, à toutes les
autres beautez qui nous peuvent frapper les yeux.
Non, non, la constance n'est bonne que pour des Ridicules; toutes les Belles ont droit de nous charmer, et
l'avantage d'estre rencontrée la première, ne doit point
dérober aux autres les justes prétentions qu'elles ont
toutes sur nos cœurs. Pour moy, la beauté me ravit
partout où je la trouve, et je cède facilement à cette
douce violence, dont elle nous entraisne ; j'ay beau
estre engagé, l'amour que j'ay pour une Belle n'engage
point mon ame à faire injustice aux autres ; je conserve
des yeux pour voir le mérite de toutes, et rends à chacune les hommages, et les tributs où la Nature nous
oblige. Quoy qu'il en soit, je ne puis refuser mon
cœur à tout ce que je voy d'aimable, et, dès qu'un
beau visage me le demande, si j'en avois dix mille, je
les donnerois tous. Les inclinations naissantes, après
tout, ont des charmes inexplicables, et tout le plaisir
de l'amour est dans le changement. On goûte une
douceur extrême à réduire par cent hommages le cœur
d'une jeune beauté ; à voir, de jour en jour, les petits
progrès qu'on y fait ; à combattre par des transports,
par des larmes, et des soûpirs, l'innocente pudeur d'une
âme, qui a peine à rendre les armes, à forcer pied à

pied toutes les petites résistances qu'elle nous oppose,
à vaincre les scrupules, dont elle se fait un honneur,
et la mener doucement où nous avons envie de la
faire venir. Mais, lors qu'on en est maistre une fois,
il n'y a plus rien à dire, ny rien à souhaiter ; tout le
beau de la passion est finy, et nous nous endormons
dans la tranquillité d'un tel amour, si quelque objet nouveau ne vient réveiller nos desirs, et présenter à nostre
cœur les charmes attrayants d'une conqueste à faire.
Enfin, il n'est rien de si doux, que de triompher de
la résistance d'une belle personne, et j'ay sur ce sujet
l'ambition des Conquérants, qui volent perpétuelle-
ment de victoire en victoire, et ne peuvent se résoudre
à borner leurs souhaits. Il n'est rien qui puisse arres-
ter l'impétuosité de mes desirs ; je me sens un cœur
à aimer toute la Terre, et, comme Alexandre, je sou-
haitterois qu'il y eust d'autres Mondes, pour y pouvoir
étendre mes conquestes amoureuses.

SGANARELLE

Vertu de ma vie, comme vous débitez ; il semble
que vous ayez appris cela par cœur, et vous parlez
tout comme un Livre.

D. JUAN

Qu'as-tu à dire là-dessus ?

SGANARELLE

Ma foy, j'ay à dire..... je ne sçay que dire, car vous
tournez les choses d'une manière qui semble que vous
avez raison, et cependant il est vray que vous ne l'avez
pas. J'avois les plus belles pensées du Monde, et vos
discours m'ont brouillé tout cela; laissez faire, une
autre fois je mettray mes raisonnemens par écrit, pour
disputer avec vous.

D. JUAN

Tu feras bien.

SGANARELLE

Mais, Monsieur, cela seroit-il de la permission que
vous m'avez donnée, si je vous disois que je suis tant
soit peu scandalisé de la vie que vous menez ?

D. JUAN

Comment, quelle vie est-ce que je meine ?

SGANARELLE

Fort bonne. Mais par exemple de vous voir tous
les mois vous marier comme vous faites.

D. JUAN

Y a-t-il rien de plus agréable ?

SGANARELLE

Il est vray, je conçois que cela est fort agréable, et

fort divertissant, et je m'en accommoderois assez, moy,
s'il n'y avoit point de mal; mais, Monsieur, se joüer
ainsi d'un Mystère sacré, et.....

D. JUAN

Va, va, c'est une affaire entre le Ciel et moy, et
nous la démeslerons ensemble sans que tu t'en mettes
en peine.

SGANARELLE

Ma foy, Monsieur, j'ay toûjours ouy dire que c'est
une méchante raillerie que de se railler au Ciel, et que
les Libertins ne font jamais une bonne fin.

D. JUAN

Hola, maistre sot, vous sçavez que je vous ay dit
que je n'aime pas les faiseurs de remontrances.

SGANARELLE

Je ne parle pas aussi à vous, Dieu m'en garde; vous
sçavez ce que vous faites, vous, et, si vous ne croyez
rien, vous avez vos raisons; mais il y a de certains petits
impertinents dans le Monde, qui sont Libertins sans
sçavoir pourquoy, qui font les esprits forts, parce qu'ils
croyent que cela leur sied bien; et, si j'avois un Maistre
comme cela, je lui dirois nettement, le regardant en
face : Osez-vous bien ainsi vous jouer du Ciel, et ne
tremblez-vous point de vous mocquer, comme vous

faites, des choses les plus saintes ? C'est bien à vous,
petit ver de terre, petit Mirmidon que vous estes,
— je parle au Maistre que j'ay dit — c'est bien à vous
à vouloir vous mesler de tourner en raillerie çe que
tous les hommes révèrent ? Pensez-vous que, pour estre
de Qualité, pour avoir une perruque blonde, et bien
frisée, des plumes à vostre chapeau, un habit bien
doré, et des rubans couleur de feu, — ce n'est pas à
vous que je parle, c'est à l'autre — pensez-vous, dis-je,
que vous en soyez plus habile homme, que tout vous
soit permis, et qu'on n'ose vous dire vos véritez.
Apprenez de moy, qui suis vostre Valet, que le Ciel
punist tôt ou tard les Impies, qu'une méchante vie
ameine une méchante mort, et que...

D. JUAN

Paix.

SGANARELLE

De quoy est-il question ?

D. JUAN

Il est question de te dire qu'une Beauté me tient
au cœur, et qu'entraisné par ses appas, je l'ay suivie
jusques en cette Ville.

SGANARELLE

Et n'y craignez-vous rien, Monsieur, de la mort de
ce Commandeur, que vous tuastes il y a six mois ?

D. JUAN

Et pourquoy craindre? Ne l'ay-je pas bien tué?

SGANARELLE

Fort bien, le mieux du monde, et il auroit tort de se plaindre.

D. JUAN

J'ay eu ma Grâce de cette affaire.

SGANARELLE

Ouy, mais cette Grâce n'esteint pas peut-estre le ressentiment des parens et des amis, et...

D. JUAN

Ah! n'allons point songer au mal qui nous peut arriver, et songeons seulement à ce qui nous peut donner du plaisir. La personne, dont je te parle, est une jeune Fiancée, la plus agréable du Monde, qui a esté conduite icy par celuy mesme qu'elle y vient épouser; et le hasard me fit voir ce couple d'Amans, trois ou quatre jours avant leur voyage. Jamais je n'ay veu deux personnes estre si contents l'un et l'autre, et faire éclater plus d'amour. La tendresse visible de leurs mutuelles ardeurs me donna de l'émotion; j'en fus frappé au cœur, et mon amour commença par la jalousie. Ouy, je ne pus souffrir d'abord de les voir si bien ensemble; le dépit allarma mes desirs, et je me figuray un plaisir extrême à pouvoir troubler leur intelligence, et rompre cet attachement, dont la délicatesse de mon cœur se tenoit offensée; mais jusques icy tous mes efforts ont esté inutiles, et j'ay recours au dernier remède. Cet époux prétendu doit aujourd'huy régaler sa Maistresse d'une promenade sur mer; sans t'en avoir rien dit, toutes choses sont préparées pour satisfaire mon amour, et j'ay une petite Barque, et des gens, avec quoy fort facilement je prétends enlever la Belle.

SGANARELLE

Ha! Monsieur...

D. JUAN

Hen?

SGANARELLE

C'est fort bien fait à vous, et vous le prenez comme il faut; il n'est rien tel, en ce Monde, que de se contenter.

D. JUAN

Prépare-toy donc à venir avec moy, et prens soin toy-mesme d'apporter toutes mes armes, afin que.....

Il apperçoit D. Elvire :

Ah! rencontre fascheuse. Traistre, tu ne m'avois pas dit qu'elle estoit icy elle-mesme.

SGANARELLE

Monsieur, vous ne me l'avez pas demandé.

D. JUAN

Est-elle folle de n'avoir pas changé d'habit, et de venir en ce lieu-cy, avec son équipage de Campagne?

SCÈNE III

D. ELVIRE, D. JUAN, SGANARELLE

D. ELVIRE

Me ferez-vous la grâce, D. Juan, de vouloir bien me reconnoistre, et puis-je au moins espérer que vous daigniez tourner le visage de ce costé?

D. JUAN

Madame, je vous avoüe que je suis surpris, et que je ne vous attendois pas icy.

D. ELVIRE

Oüy, je voy bien que vous ne m'y attendiez pas, et vous estes surpris, à la vérité, mais tout autrement que je ne l'espérois; et la manière dont vous le paroissez, me persuade pleinement ce que je refusois de croire. J'admire ma simplicité, et la foiblesse de mon cœur, à douter d'une trahison, que tant d'apparences me confirmoient. J'ay esté assez bonne, je le confesse, ou plûtost assez sotte, pour me vouloir tromper moy-mesme, et travailler à démentir mes yeux et mon jugement. J'ay cherché des raisons, pour excuser à ma tendresse le relaschement d'amitié qu'elle voyoit en vous; et je me suis forgé exprès cent sujets légitimes d'un départ si précipité, pour vous justifier du crime, dont ma raison vous accusoit. Mes justes soupçons, chaque jour, avoient beau me parler, j'en rejettois la voix qui vous rendoit criminel à mes yeux, et j'écoutois avec plaisir mille chimères ridicules, qui vous peignoient innocent à mon cœur; mais enfin cet abord ne me permet plus de douter, et le coup d'œil qui m'a reçue m'apprend bien plus de choses que je ne voudrois en sçavoir. Je seray bien aise pourtant d'ouïr de vostre bouche les raisons de vostre départ. Parlez, D. Juan, je vous prie, et voyons de quel air vous sçaurez vous justifier.

D. JUAN

Madame, voilà Sganarelle, qui sçait pourquoy je suis party.

SGANARELLE

Moy, Monsieur? Je n'en sçay rien, s'il vous plaist.

D. ELVIRE

Hé bien, Sganarelle, parlez; il n'importe de quelle bouche j'entende ces raisons.

D. JUAN, faisant signe d'approcher à Sganarelle :

Allons, parle donc à Madame.

XIV.   3

SGANARELLE

Que voulez-vous que je dise?

D. ELVIRE

Approchez, puis qu'on le veut ainsi, et me dites un
peu les causes d'un départ si prompt.

D. JUAN

Tu ne répondras pas?

SGANARELLE

Je n'ay rien à répondre; vous vous mocquez de
vostre Serviteur.

D. JUAN

Veux-tu répondre, te dis-je?

SGANARELLE

Madame...

D. ELVIRE

Quoy?

SGANARELLE, *se retournant vers son Maistre :*

Monsieur...

D. JUAN

Si...

SGANARELLE

Madame, les Conquérants, Alexandre, et les autres
Mondes, sont cause de nostre départ. Voilà, Monsieur, tout ce que je puis dire.

D. ELVIRE

Vous plaist-il, D. Juan, nous éclaircir ces beaux
mystères ?

D. JUAN

Madame, à vous dire la vérité...

D. ELVIRE

Ah, que vous sçavez mal vous défendre pour un
homme de Cour, et qui doit estre accoûtumé à ces
sortes de choses ! J'ay pitié de vous voir la confusion
que vous avez. Que ne vous armez-vous le front d'une
noble effronterie ? Que ne me jurez-vous que vous
estes toûjours dans les mesmes sentimens pour moy,
que vous aimez toûjours avec une ardeur sans égale,
et que rien n'est capable de vous détacher de moy que
la mort ? Que ne me dites-vous que des affaires de la
dernière conséquence vous ont obligé à partir sans
m'en donner avis, qu'il faut que, malgré vous, vous
demeuriez icy quelque temps, et que je n'ay qu'à m'en
retourner d'où je viens, asseurée que vous suivrez
mes pas le plûtost qu'il vous sera possible ; qu'il est
certain que vous brûlez de me rejoindre, et qu'éloi-
gné de moy, vous souffrez ce que souffre un corps
qui est séparé de son âme ? Voilà comme il faut
vous défendre, et non pas estre interdit comme vous
estes.

D. JUAN

Je vous avoüe, Madame, que je n'ay point le talent
de dissimuler, et que je porte un cœur sincère. Je ne
vous diray point que je suis toûjours dans les mesmes
sentimens pour vous, et que je brûle de vous rejoindre,
puis qu'enfin il est asseuré que je ne suis party que
pour vous fuir ; non point par les raisons que vous
pouvez vous figurer, mais par un pur motif de conscience, et pour ne croire pas qu'avec vous davantage
je puisse vivre sans péché. Il m'est venu des scrupules,
Madame, et j'ay ouvert les yeux de l'âme sur ce que
je faisois. J'ay fait réflexion que, pour vous épouser,
je vous ay dérobée à la closture d'un Convent, que
vous avez rompu des vœux, qui vous engageoient autre
part, et que le Ciel est fort jaloux de ces sortes de
choses. Le repentir m'a pris, et j'ay craint le couroux
céleste. J'ay crû que nostre mariage n'estoit qu'un
adultère déguisé, qu'il nous attireroit quelque disgrâce
d'en haut, et qu'enfin je devois tascher de vous oublier,
et vous donner moyen de retourner à vos premières
chaisnes. Voudriez-vous, Madame, vous opposer à une
si sainte pensée, et que j'allasse, en vous retenant, me
mettre le Ciel sur les bras, que par...

D. ELVIRE

Ah ! scélérat, c'est maintenant que je te connois tout

entier, et, pour mon malheur, je te connois lors qu'il
n'en est plus temps, et qu'une telle connoissance ne
peut plus me servir qu'à me désespérer; mais sçache
que ton crime ne demeura pas impuny, et que le
mesme Ciel, dont tu te jouës, me sçaura venger de ta
perfidie.

D. JUAN

Sganarelle, le Ciel !

SGANARELLE

Vraiment ouy, nous nous moquons bien de cela,
nous autres.

D. JUAN

Madame...

D. ELVIRE

Il suffit. Je n'en veux pas ouïr davantage, et je m'ac-
cuse mesme d'en avoir trop entendu. C'est une lâcheté
que de se faire expliquer trop sa honte ; et sur de tels
sujets, un noble cœur, au premier mot, doit prendre
son party. N'attends pas que j'éclate icy en reproches
et en injures ; non, non, je n'ay point un couroux à
exhaler en paroles vaines, et toute sa chaleur se réserve
pour sa vengeance. Je te le dis encore ; le Ciel te punira,
perfide, de l'outrage que tu me fais, et, si le Ciel n'a
rien que tu puisses appréhender, appréhende au moins
la colère d'une Femme offencée.

SGANARELLE :

Si le remords le pouvoit prendre.

D. JUAN, *après une petite réflexion :*

Allons songer à l'exécution de nostre entreprise amoureuse.

SGANARELLE, *seul :*

Ah, quel abominable Maistre me vois-je obligé de servir !

ACTE DEUXIESME

SCÈNE PREMIÈRE

CHARLOTE, PIERROT

CHARLOTE

OSTRE-DINSE, Piarrot, tu t'es trouvé là bien à point.

PIERROT

Parquienne, il ne s'en est pas fallu l'époisseur d'une éplinque qu'ils ne se sayant nayez tous deux.

CHARLOTE

C'est donc le coup de vent da matin qui les avoit ranvarsez dans la mar.

PIERROT

Aga, guien, Charlote, je m'en vas te conter tout fin
drait comme cela est venu : car, comme dit l'autre,
je les ay le premier avisez, avisez le premier je les
ay. Enfin donc, j'estions sur le bord de la mar, moy,
et le gros Lucas, et je nous amusions à batifoler avec
des mottes de tarre que je nous jesquions à la teste ;
car, comme tu sçais bian, le gros Lucas aime à batifoler, et moy, par fouas, je batifole itou. En batifolant
donc, pisque batifoler y a, j'ay apparçeu de tout loin
queuque chose qui groüilloit dans gl'iau, et qui venoit
comme envars nous par secousse. Je voyois cela fixi-
blement, et pis tout d'un coup je voyois que je ne
voyons plus rien : *Eh, Lucas, ç'ay-je fait, je pense que
vlà des hommes qui nageant là-bas. — Voire, ce m'a t-il
fait, t'as esté au trépassement d'un chat ; t'as la veuë trouble. —
Palsanquienne, ç'ay-je fait, je n'ay point la veuë trouble ;
ce sont des hommes. — Point du tout, ce m'a t-il fait, t'as
la barluë. — Veux-tu gager, ç'ay je fait, que je n'ay point
la barluë, ç'ay je fait, et que sont deux hommes, ç'ay je fait,
qui nageant droit icy, ç'ay je fait. — Morquenne, ce m'a
t-il fait, je gage que non. — O çà, ç'ay je fait, veux-tu gager
dix sols que si ? — Je le veux bian, ce m'a t-il fait, et, pour
te montrer, vlà argent su jeu, ce m'a t-il fait.* Moy, je n'ay
point esté ny fou, ny étourdy ; j'ay bravement bouté à

tarre quatre pièces tapées, et cinqs souls en doubles,
jergniguenne, aussi hardiment que si j'avois avalé un
varre de vin : car je sès hasardeux moy, et je vas à la
débandade. Je sçavois bian ce que je faisois pourtant,
queuque gniais ! Enfin donc, je n'avons pas putost eu
gagé que j'avon veu les deux hommes tout à plain, qui
nous faisiant signe de les aller querir, et moy de tirer
auparavant les enjeux. *Allons, Lucas,* ç'ay je dit, *tu vois
bian qu'ils nous appellont ; allons viste à leu secours.* — *Non,*
ce m'a t'il dit, *ils m'ont fait pardre.* O donc tan-qu'i-a
qu'à la parfin, pour le faire court, je l'ay tant sar-
monné que je nous sommes boutez dans une barque,
et pis j'avons tant fait, cahin, caha, que je les avons
tirez de gl'iau, et pis je les avons menez cheux nous
auprès du feu, et pis ils se sant dépouillez tous nuds
pour se sécher, et pis il y en est venu encor deux de
la mesme bande, qui s'équiant sauvez tout seuls, et pis
Mathurine est arrivée là, à qui l'en a fait les doux
yeux. Vlà justement, Charlote, comme tout ça c'est
fait.

CHARLOTE

Ne m'as-tu pas dit, Piarrot, qu'il y en a un qu'est
bien pû mieux fait que les autres ?

PIERROT

Ouï, c'est le Maistre ; il faut que ce soit queuque

gros, gros Monsieur, car il a du dor à son habit tout
depuis le haut jusqu'en bas, et ceux qui le servont sont
des Monsieux eux-mesme, et, stapandant, tout gros
Monsieur qu'il est, il seroit, par ma fique, nayé, si je
n'aviomme esté là.

CHARLOTE

Ardez un peu.

PIERROT

O parquenne, sans nous, il en avoit pour sa maine
de fèves.

CHARLOTE

Est-il encore cheux toy tout nu, Piarrot ?

PIERROT

Nannain ; ils l'avont r'habillé tout devant nous. Mon
quieu, je n'en avois jamais veu s'habiller ; que d'his-
toires et d'angigorniaux boutont ces Messieus-là les
Courtisans ! Je me pardrois là-dedans pour moy, et
j'estois tout ébobi de voir ça. Quien, Charlote, ils
avont des cheveux qui ne tenont point à leu teste,
et ils boutont ça, après, tout comme un gros bonnet de
filace. Ils ant des chemises qui ant des manches où
j'entrerions tout brandis, toy et moy. En glieu d'haut
de chausse, ils portont un garde-robe aussi large que
d'icy à Pasque ; en glieu de pourpoint, de petites bras-
sières, qui ne leu venont pas usqu'au brichet ; et, en
glieu de rabas, un grand mouchoir de cou à réziau,

aveuc quatre grosses houpes de linge qui leu pendont
sur l'estomaque. Ils avont itou d'autres petits rabats au
bout des bras, et de grands entonnois de passement
aux jambes, et parmi tout ça tant de rubans, tant de
rubans, que c'est une vraye piquié. I-gn'i-a pas jusqu'au
soulier qui n'en soiont farcis, tout depis un bout ju-
qu'à l'autre, et ils sont faits d'eune façon que je me
romprois le cou aveuc.

CHARLOTE

Par ma fy, Piarrot, il faut que j'aille voir un peu ça.

PIERROT

O acoute un peu auparavant, Charlote ; j'ay queuque
autre chose à te dire, moy.

CHARLOTE

Et bian, dy, qu'est-ce que c'est ?

PIERROT

Vois-tu, Charlote, il faut, comme dit l'autre, que je
débonde mon cœur. Je t'aime, tu le sçais bian, et je
somme pour estre mariez ensemble ; mais, marquenne,
je ne suis point satisfait de toy.

CHARLOTE

Quement ? Qu'est-ce que c'est donc qu'igl'i-a ?

PIERROT

Igl'i-a que tu me chagraignes l'esprit, franchement.

CHARLOTE

Et quement donc ?

PIERROT

Testiguienne, tu ne m'aimes point.

CHARLOTE

Ah, ah, n'est que ça ?

PIERROT

Ouy, ce n'est que ça, et c'est bian assez.

CHARLOTE

Mon quieu, Piarrot, tu me viens toujou dire la mesme chose.

PIERROT

Je te dis toujou la mesme chose, parce que c'est toujou la mesme chose, et si ce n'estoit pas toujou la mesme chose, je ne te dirois pas toujou la mesme chose.

CHARLOTE

Mais, qu'est-ce qu'il te faut ? Que veux-tu ?

PIERROT

Jerniquenne, je veux que tu m'aimes.

CHARLOTE

Est-ce que je ne t'aime pas ?

PIERROT

Non, tu ne m'aimes pas, et si je fais tout ce que je

pis pour ça. Je t'achète, sans reproche, des rubans à tout les Marciers qui passont; je me romps le cou à t'aller dénicher des marles; je fais joüer pour toy les Vielleux, quand ce vient ta feste, et tout ça comme si je me frapois la teste contre un mur. Vois-tu, ça n'est ny biau, ny honneste, de n'aimer pas les gens qui nous aimont.

CHARLOTE

Mais, mon guieu, je t'aime aussi.

PIERROT

Ouy, tu m'aimes d'une belle dégaine.

CHARLOTE

Quement veux-tu donc qu'on fasse?

PIERROT

Je veux que l'en fasse comme l'en fait quand l'en aime comme il faut.

CHARLOTE

Ne t'aimay-je pas aussi comme il faut?

PIERROT

Non, quand ça est, ça se void, et l'en fait mille petites singeries aux personnes quand on les aime du bon du cœur. Regarde la grosse Thomasse comme elle est assotée du jeune Robain; alle est toujou autour de ly à l'agacer, et ne le laisse jamais en repos. Tou-

jou al ly fait queuque niche, ou ly baille queuque ta-
loche en passant, et, l'autre jour qu'il estoit assis sur
un escabiau, al fut le tirer de dessous ly, et le fit choir
tout de son long par tarre. Jarny, vlà où l'en voit les
gens qui aimont, mais toy, tu ne me dis jamais mot,
t'es toujou là comme eune vray souche de bois, et je
passerois vingt fois devant toy que tu ne te groüillerois
pas pour me bailler le moindre coup, ou me dire la
moindre chose. Ventrequenne, ça n'est pas bian, après
tout, et t'es trop froide pour les gens.

CHARLOTE

Que veux-tu que j'y fasse? C'est mon himeur, et je
ne me pis refondre.

PIERROT

I'gn'i-a himeur qui quienne; quand en a de l'amiquié
pour les personnes, l'an en baille toujou queuque petite
signifiance.

CHARLOTE

Enfin, je t'aime tout autant que je pis, et, si tu n'es
pas content de çà, tu n'as qu'à en aimer queuqu'autre.

PIERROT

Eh bien, vlà pas mon compte? Testigué, si tu m'ai-
mois, me dirois-tu ça?

CHARLOTE

Pourquoy me viens-tu aussi tarabuster l'esprit?

PIERROT

Morqué, queu mal te fais-je? Je ne te demande qu'un peu d'amiquié.

CHARLOTE

Et bian, laisse faire aussi, et ne me presse point tant; peut-estre que ça viendra tout d'un coup sans y songer.

PIERROT

Touche donc là, Charlote.

CHARLOTE

Et bien, quien.

PIERROT

Promets-moy donc que tu tâcheras de m'aimer davantage.

CHARLOTE

J'y feray tout ce que je pourray. mais il faut que ça vienne de luy-mesme. — Piarrot, est-ce là ce Monsieur?

PIERROT

Ouy, le vlà.

CHARLOTE

Ah, mon quieu, qu'il est gentil, et que ç'auroit esté dommage qu'il eust esté nayé.

PIERROT

Je revians tout à l'heure; je m'en vas boire chopaine pour me rebouter tant soit peu de la fatigue que j'ays eue.

SCÈNE II

D. JUAN, SGANARELLE, CHARLOTE

D. JUAN

Nous avons manqué nostre coup, Sganarelle, et cette bourrasque impréveue a renversé avec notre barque le projet que nous avions fait; mais, à te dire vray, la Paysane que je viens de quitter rêpare ce mal-heur, et je luy ay trouvé des charmes qui effacent de mon esprit tout le chagrin que me donnoit le mauvais succèz de nostre entreprise. Il ne faut pas que ce cœur m'échappe, et j'y ay déjà jetté des dispositions à ne pas me souffrir long-temps de pousser des soûpirs.

SGANARELLE

Monsieur, j'avoüe que vous m'estonnez; à peine sommes-nous échappez d'un péril de mort, qu'au lieu de rendre grâce au Ciel de la pitié qu'il a daigné prendre de nous, vous travaillez tout de nouveau à attirer sa colère par vos fantaisies accoûtumées, et vos amours cr..... Paix, coquin que vous estes; vous ne sçavez ce que vous dites, et Monsieur sçait ce qu'il fait. Allons.

D. JUAN, *apercevant Charlote :*

Ah, ah, d'où sort cette autre Paysane, Sganarelle ?

As-tu rien veu de plus joly, et ne trouves-tu pas, dy moy, que celle-cy vaut bien l'autre ?

SGANARELLE

Assurément. Autre Pièce nouvelle.

D. JUAN

D'où me vient, la Belle, une rencontre si agréable ? Quoy, dans ces lieux champestres, parmy ces arbres et ces rochers, on trouve des personnes faites comme vous estes.

CHARLOTE

Vous voyez, Monsieur.

D. JUAN

Estes-vous de ce village ?

CHARLOTE

Ouy, Monsieur.

D. JUAN

Et vous y demeurez ?

CHARLOTE

Ouy, Monsieur.

D. JUAN

Vous vous appellez ?

CHARLOTE

Charlote, pour vous servir.

D. JUAN

Ah ! la belle personne, et que ses yeux sont pénétrans !

XIV.   5

CHARLOTE

Monsieur, vous me rendez toute honteuse.

D. JUAN

Ah, n'ayez point de honte d'entendre dire vos véritéz... Sganarelle, qu'en dis-tu? Peut-on rien voir de plus agréable? Tournez-vous un peu, s'il vous plaist; ah, que cette taille est jolie! Haussez un peu la teste, de grâce; ah, que ce visage est mignon! Ouvrez vos yeux entièrement; ah, qu'ils sont beaux! Que je voye un peu vos dents, je vous prie; ah, qu'elles sont amoureuses, et ces lèvres appétissantes! Pour moy, je suis ravy, et je n'ay jamais veu une si charmante personne.

CHARLOTE

Monsieur, cela vous plaist à dire, et je ne sçay pas si c'est pour vous railler de moy.

D. JUAN

Moy, me railler de vous? Dieu m'en garde, je vous aime trop pour cela, et c'est du fond du cœur que je vous parle.

CHARLOTE

Je vous suis bien obligé, si ça est.

D. JUAN

Point du tout; vous ne m'estes point obligée de

tout ce que je dis, et ce n'est qu'à vostre beauté que
vous en estes redevable.

CHARLOTE

Monsieur, tout ça est trop bien dit pour moy, et je
n'ay pas d'esprit pour vous répondre.

D. JUAN

Sganarelle, regarde un peu ses mains.

CHARLOTE

Fy, Monsieur, elles sont noires comme je ne sçay
quoy.

D. JUAN

Ha, que dites-vous là? Elles sont les plus belles du
Monde; souffrez que je les baise, je vous prie.

CHARLOTE

Monsieur, c'est trop d'honneur que vous me faites,
et, si j'avois sçeu ça tantost, je n'aurois pas manqué de
les laver avec du son.

D. JUAN

Et dites-moy, un peu, belle Charlote, vous n'estes
pas mariée sans doute?

CHARLOTE

Non, Monsieur, mais je dois bientost l'estre avec
Piarrot, le fils de la voisine Simonète.

D. JUAN

Quoy, une personne comme vous seroit la femme
d'un simple Paysan? Non, non, c'est profaner tant de
beautez, et vous n'estes pas née pour demeurer dans
un Village; vous méritez sans doute une meilleure
fortune, et le Ciel, qui le connoist bien, m'a conduit
icy tout exprès pour empescher ce mariage, et rendre
justice à vos charmes; car enfin, Belle Charlote, je
vous aime de tout mon cœur, et il ne tiendra qu'à
vous que je vous arrache de ce misérable lieu, et ne
vous mette dans l'état où vous méritez d'estre. Cet
amour est bien prompt sans doute; mais quoy, c'est
un effet, Charlote, de vostre grande beauté, et l'on
vous aime autant, en un quart d'heure, qu'on feroit une
autre en six mois.

CHARLOTE

Aussi vray, Monsieur, je ne sçay comment faire
quand vous parlez. Ce que vous dites me fait aise, et
j'aurois toutes les envies du monde de vous croire,
mais on m'a toujou dit qu'il ne faut jamais croire les
Monsieux, et que vous autres Courtisans estes des
enjoleus, qui ne songez qu'à abuser les filles.

D. JUAN

Je ne suis pas de ces gens-là.

SGANARELLE

Il n'a garde.

CHARLOTE

Voyez-vous, Monsieur, il n'y a pas plaisir à se laisser abuser. Je suis une pauvre Paysane, mais j'ay l'honneur en recommandation, et j'aimerois mieux me voir morte que de me voir deshonorée.

D. JUAN

Moy, j'aurois l'âme assez méchante pour abuser une personne comme vous ; je serois assez lâche pour vous deshonorer ? Non, non, j'ay trop de conscience pour cela ; je vous aime, Charlote, en tout bien et en tout honneur, et, pour vous montrer que je vous dis vray, sçachez que je n'ay point d'autre dessein que de vous épouser. En voulez-vous un plus grand témoignage ? M'y voilà prest quand vous voudrez, et je prends à témoin l'homme que voilà de la parole que je vous donne.

SGANARELLE

Non, non, ne craignez point ; il se mariera avec vous tant que vous voudrez.

D. JUAN

Ah, Charlote, je vois bien que vous ne me connoissez pas encore ; vous me faites grand tort de juger de moy par les autres, et, s'il y a des fourbes dans le Monde, des gens qui ne cherchent qu'à abuser des Filles, vous devez me tirer du nombre, et ne pas mettre en doute la sincérité de ma foy. Et puis vostre beauté vous assure de tout. Quand on est faite comme vous, on doit estre à couvert de toutes ces sortes de crainte ; vous n'avez point l'air, croyez-moy, d'une personne qu'on abuse, et pour moy, je l'avouë, je me percerois le cœur de mille coups, si j'avois eu la moindre pensée de vous trahir.

CHARLOTE

Mon Dieu, je ne sçay pas si vous dites vray ou non, mais vous faites que l'on vous croit.

D. JUAN

Lors que vous me croirez, vous me rendrez justice assurément, et je vous réitère encore la promesse que je vous ay faite. Ne l'acceptez-vous pas, et ne voulez-vous pas consentir à estre ma Femme ?

CHARLOTE

Ouy, pourveu que ma Tante le veüille.

D. JUAN

Touchez donc là, Charlote, puis que vous le voulez bien de vostre part.

CHARLOTE

Mais au moins, Monsieur, ne m'allez pas tromper, je vous prie ; il y auroit de la conscience à vous, et vous voyez comme j'y vais à la bonne foy.

D. JUAN

Comment, il semble que vous doutiez encore de ma sincérité ? Voulez-vous que je fasse des sermens épouvantables ? Que le Ciel...

CHARLOTE

Mon Dieu, ne jurez point ; je vous croy.

D. JUAN

Donnez-moy donc un petit baiser pour gage de vostre parole.

CHARLOTE

Oh, Monsieur, attendez que je soyons mariez, je vous prie ; après ça, je vous baiseray tant que vous voudrez.

D. JUAN

Eh bien, belle Charlote, je veux tout ce que vous voulez ; abandonnez-moy seulement vostre main, et souffrez que, par mille baisers, je luy exprime le ravissement où je suis.

SCÈNE III

D. JUAN, SGANARELLE, PIERROT, CHARLOTE

PIERROT se mettant entre deux et poussant D. Juan.

Tout doucement ; Monsieur, tenez-vous, s'il vous plaist ; vous vous échauffez trop, et vous pouriez gagner la purésie.

D. JUAN *repoussant rudement Pierrot.*

Qui m'amène cet impertinent ?

PIERROT

Je vous dis qu'ou vous tegniez, et qu'ou ne carres-
siais point nos accordées.

D. JUAN *continue de le repousser.*

Ah, que de bruit.

PIERROT

Jerniquenne, ce n'est pas comme ça qu'il faut pousser les gens.

CHARLOTE *prenant Pierrot par le bras :*

Et laisse-le faire aussi, Piarrot.

PIERROT

Quement, que je le laisse faire ? Je ne veux pas, moy.

D. JUAN

Ah ?

PIERROT

Testiguenne, par ce qu'ous estes Monsieu, ous viendrez caresser nos femme à note barbe ; allez v's-en
caresser les vostres.

D. JUAN

Heu.

PIERROT

Heu. *Don Juan lui donne un soufflet.* Testigué, ne me frapez pas.
Autre soufflet. Oh, jernigué. *Autre soufflet.* Ventrequé. *Autre soufflet.* Pal-

sanqué, morquenne, ça n'est pas bian de batre les gens, et ce n'est pas là la récompense de v's-avoir sauvé d'estre nayé.

CHARLOTE

Piarrot, ne te fasche point.

PIERROT

Je me veux fascher, et t'es une vilainte, toy, d'endurer qu'on te cajeole.

CHARLOTE

Oh, Piarrot, ce n'est pas ce que tu penses; ce Monsieur veut m'épouser, et tu ne dois pas te bouter en colère.

PIERROT

Quement? Jerny, tu m'es promise.

CHARLOTE

Ça n'y fait rien, Piarrot; si tu m'aimes, ne dois-tu pas estre bien aise que je devienne Madame?

PIERROT

Jerniqué, non; j'aime mieux te voir crevée que de te voir à un autre.

CHARLOTE

Va, va, Piarrot, ne te mets point en peine; si je sis Madame, je te feray gagner queuque chose, et tu apporteras du beure et du fromage cheux nous.

XIV.   6

PIERROT

Ventrequenne, je gn'y en porteray jamais, quand tu m'en poyrois deux fois autant. Est-ce donc comme ça que t'escoutes ce qu'il te dit ? Morquenne, si j'avois sçeu ça tantost, je me serois bian gardé de le tirer de gl'iau, et je gly aurois baillé un bon coup d'aviron sur la teste.

D. JUAN *s'approchant de Pierrot pour le fraper.*

Qu'est-ce que vous dites ?

PIERROT *s'éloignant derrière Charlote.*

Jerniquenne, je ne crains parsonne.

D. JUAN *passe du costé où est Pierrot.*

Attendez-moy un peu.

PIERROT *repasse de l'autre costé de Charlote.*

Je me moque de tout, moy.

D. JUAN *court après Pierrot.*

Voyons cela.

PIERROT *se sauve encore derrière Charlote.*

J'en avons bien veu d'autres.

D. JUAN

Hoüais.

SGANARELLE

Eh, Monsieur, laissez-là ce pauvre misérable. C'est

conscience de le batre. — Ecoute, mon pauvre Garçon, retire-toy, et ne luy dis rien.

PIERROT *passe devant Sganarelle, et dit fièrement à D. Juan :*

Je veux luy dire, moy.

D. JUAN *lève la main pour donner un soufflet à Pierrot, qui baisse la teste, et Sganarelle reçoit le soufflet.*

Ah, je vous apprendray...

SGANARELLE, *regardant Pierrot, qui s'est baissé pour éviter le soufflet.*

Peste soit du maroufle.

D. JUAN

Te voilà payé de ta charité.

PIERROT

Jarny, je vas dire à sa Tante tout ce ménage-cy.

D. JUAN

Enfin, je m'en vais estre le plus heureux de tous les hommes, et je ne changerois pas mon bonheur à toutes les choses du Monde. Que de plaisir quand vous serez ma Femme, et que...

SCÈNE IV

D. JUAN, SGANARELLE, CHARLOTE, MATHURINE

SGANARELLE *appercevant Mathurine.*

Ah, ah.

MATHURINE *à Dom Juan.*

Monsieur, que faites-vous donc là avec Charlote ? Est-ce que vous luy parlez d'amour aussi ?

D. JUAN *à Mathurine.*

Non ; au contraire, c'est elle qui me témoignoit une envie d'estre ma Femme, et je luy répondois que j'estois engagé à vous.

CHARLOTE

Qu'est-que c'est donc que vous veut Mathurine ?

D. JUAN, *bas à Charlote.*

Elle est jalouse de me voir vous parler, et voudroit bien que je l'épousasse, mais je luy dis que c'est vous que je veux.

MATHURINE

Quoy, Charlote.....

D. JUAN, *bas à Mathurine.*

Tout ce que vous luy direz sera inutile ; elle s'est mis cela dans la teste.

CHARLOTE

Quement donc, Mathurine.....

D. JUAN, *bas à Charlote.*

C'est en vain que vous luy parlerez ; vous ne luy osterez point cette fantaisie.

MATHURINE

Est ce que.....

D. JUAN, *bas à Mathurine.*

Il n'y a pas moyen de luy faire entendre raison.

CHARLOTE

Je voudrois.....

D. JUAN, *bas à Charlote.*

Elle est obstinée comme tous les Diables.

MATHURINE

Vramant.....

D. JUAN, *bas à Mathurine.*

Ne luy dites rien; c'est une folle.

CHARLOTE

Je pense.....

D. JUAN, *bas à Charlote.*

Laissez-la là; c'est une extravagante.

MATHURINE

Non, non, il faut que je luy parle.

CHARLOTE

Je veux voir un peu ses raisons.

MATHURINE

Quoy.....

D. JUAN, *bas à Mathurine.*

Je gage qu'elle va vous dire que je luy ay promis
de l'épouser.

CHARLOTE

Je.....

D. JUAN, *bas à Charlote.*

Gageons qu'elle vous soustiendra que je luy ay donné parole de la prendre pour Femme.

MATHURINE

Hola, Charlotte, ça n'est pas bien de courir sur le marché des autres.

CHARLOTE

Ça n'est pas honneste, Mathurine, d'estre jalouse que Monsieur me parle.

MATHURINE

C'est moy que Monsieur a veu la première.

CHARLOTE

S'il vous a veu la première, il m'a veu la seconde, et m'a promis de m'épouser.

D. JUAN, *bas à Mathurine.*

Et bien, que vous ay-je dit ?

MATHURINE

Je vous baise les mains; c'est moy, et non pas vous, qu'il a promis d'épouser.

D. JUAN, *bas à Charlote.*

N'ay-je pas deviné ?

CHARLOTE

A d'autres, je vous prie; c'est moy, vous dis-je.

MATHURINE

Vous vous moquez des gens; c'est moy, encore un coup.

CHARLOTE

Le vlà qui est pour le dire, si je n'ay pas raison.

MATHURINE

Le vlà qui est pour me démentir, si je ne dis pas vray.

CHARLOTE

Est-ce, Monsieur, que vous luy avez promis de l'épouser?

D. JUAN, *bas à Charlote.*

Vous vous raillez de moy.

MATHURINE

Est-il vray, Monsieur, que vous luy avez donné parole d'estre son Mary?

D. JUAN, *bas à Mathurine.*

Pouvez-vous avoir cette pensée?

CHARLOTE

Vous voyez qu'al le soûtient.

D. JUAN, *bas à Charlote.*

Laissez-la faire.

MATHURINE

Vous estes témoin comme al l'assure.

D. JUAN, *bas à Mathurine.*

Laissez-la dire.

CHARLOTE

Non, non, il faut sçavoir la vérité.

MATHURINE

Il est question de juger ça.

CHARLOTE

Oüy, Mathurine, je veux que Monsieur vous montre vostre bec jaune.

MATHURINE

Oüy, Charlote, je veux que Monsieur vous rende un peu camuse.

CHARLOTE

Monsieur, vuidez la querelle, s'il vous plaît.

MATHURINE

Mettez-nous d'accord, Monsieur.

CHARLOTE *à Mathurine.*

Vous allez voir.

MATHURINE *à Charlote.*

Vous allez voir vous mesme.

CHARLOTE *à D. Juan.*

Dites.

MATHURINE *à D. Juan.*

Parlez.

D. JUAN, *embarassé, leur dit à toutes deux.*

Que voulez-vous que je dise? Vous soûtenez également toutes deux que je vous ay promis de vous
prendre pour Femmes. Est-ce que chacune de vous ne
sçait pas ce qui en est, sans qu'il soit nécessaire que
je m'explique davantage? Pourquoy m'obliger là-dessus à des redites? Celle à qui j'ay promis effective-
ment n'a-t-elle pas en elle-mesme de quoy se moquer
des discours de l'autre, et doit-elle se mettre en peine,
pourveu que j'accomplisse ma promesse? Tous les
discours n'avancent point les choses; il faut faire, et
non pas dire, et les effets décident mieux que les
paroles. Aussi n'est-ce rien que par là que je vous
veux mettre d'accord, et l'on verra, quand je me marie-
ray, laquelle des deux a mon cœur. *Bas à Mathurine :* Lais-
sez-luy croire ce qu'elle voudra; *bas à Charlote :* Laissez-la
se flater dans son imagination; *bas à Mathurine :* Je vous
adore; *bas à Charlote:* Je suis tout à vous; *bas à Mathurine :*
Tous les visages sont laids auprès du vostre; *bas à Charlote :*
On ne peut plus souffrir les autres quand on vous a
veuë. — J'ay un petit ordre à donner; je viens vous
retrouver dans un quart d'heure.

XIV.   7

CHARLOTE *à Mathurine.*

Je suis celle qu'il aime, au moins.

MATHURINE

C'est moy qu'il épousera.

SGANARELLE

Ah, pauvres filles que vous estes, j'ay pitié de vostre innocence, et je ne puis souffrir de vous voir courir à vostre malheur. Croyez-moy l'une et l'autre; ne vous amusez point à tous les contes qu'on vous fait, et demeurez dans vostre village.

D. JUAN *revenant.*

Je voudrois bien sçavoir pourquoy Sganarelle ne me suit pas.

SGANARELLE *à ces filles.*

Mon Maistre est un fourbe; il n'a dessein que de vous abuser, et en a bien abusé d'autres; c'est l'Epouseur du genre humain, et... *Il apperçoit D. Juan :* Cela est faux, et quiconque vous dira cela, vous luy devez dire qu'il en a menty. Mon Maistre n'est point l'Epouseur du genre humain, il n'est point fourbe, il n'a pas dessein de vous tromper, et n'en a point abusé d'autres. Ah, tenez, le voilà, demandez-le plûtost à luy-mesme.

D. JUAN

Ouy.

SGANARELLE

Monsieur, comme le Monde est plein de médisans, je vais au devant des choses, et je leur disois que, si quelqu'un leur venoit dire du mal de vous, elles se gardassent bien de le croire, et ne manquassent pas de luy dire qu'il en auroit menty.

D. JUAN

Sganarelle.

SGANARELLE

Ouy, Monsieur est homme d'honneur, je le garantis tel.

D. JUAN

Hon.

SGANARELLE

Ce sont des impertinens.

SCÈNE V

D. JUAN, LA RAMÉE, CHARLOTE, MATHURINE, SGANARELLE

LA RAMÉE

Monsieur, je viens vous avertir qu'il ne fait pas bon icy pour vous.

D. JUAN

Comment?

LA RAMÉE

Douze hommes à cheval vous cherchent, qui doivent arriver icy dans un moment. Je ne sçay pas par quel moyen ils peuvent vous avoir suivy, mais j'ay appris cette nouvelle d'un Païsan qu'ils ont interrogé et auquel ils vous ont dépeint. L'affaire presse, et le plûtost que vous pourrez sortir d'icy sera le meilleur.

D. JUAN, *à Charlote et Mathurine.*

Une affaire pressante m'oblige de partir d'icy; mais je vous prie de vous ressouvenir de la parole que je vous ay donnée, et de croire que vous aurez de mes nouvelles avant qu'il soit demain au soir.

Comme la partie n'est pas égale, il faut user de stratagème, et éluder adroitement le malheur qui me cherche; je veux que Sganarelle se reveste de mes habits, et moy...

SGANARELLE

Monsieur, vous vous moquez; m'exposer à être tué sous vos habits, et...

D. JUAN

Allons, viste; c'est trop d'honneur que je vous fais, et bien heureux est le Valet qui peut avoir la gloire de mourir pour son Maistre.

SGANARELLE

Je vous remercie d'un tel honneur. O Ciel, puisqu'il s'agit de mort, fais-moy la grâce de n'estre point
pris pour un autre.

Vÿ, Tÿ, je te le donne pour l'amour de l'humanité.

ACTE TROISIESME

SCÈNE PREMIÈRE

D. JUAN, *en habit de campagne;* SGANARELLE, *en Médecin.*

SGANARELLE

A foy, Monsieur, avouez que j'ay eu raison, et que nous voilà l'un et l'autre déguisez à merveille. Vostre premier dessein n'estoit point du tout à propos, et cecy nous cache bien mieux que tout ce que vous vouliez faire.

D. JUAN

Il est vray que te voilà bien, et je ne sçay où tu as esté déterrer cet attirail ridicule.

SGANARELLE

Ouy? C'est l'habit d'un vieux Médecin qui a esté laissé en gage au lieu où je l'ay pris, et il m'en a coûté de l'argent pour l'avoir. Mais sçavez-vous, Monsieur, que cet habit me met déjà en considération? que je suis salué des gens que je rencontre, et que l'on me vient consulter ainsi qu'un habile homme?

D. JUAN

Comment donc?

SGANARELLE

Cinq ou six Païsans et Païsanes, en me voyant passer, me sont venus demander mon avis sur différentes maladies.

D. JUAN

Tu leur as répondu que tu n'y entendois rien?

SGANARELLE

Moy, point du tout; j'ay voulu soûtenir l'honneur de mon habit. J'ay raisonné sur le mal, et leur ay fait des ordonnances à chacun.

D. JUAN

Et quels remèdes encore leur as-tu ordonnez?

SGANARELLE

Ma foy, Monsieur, j'en ay pris par où j'en ai pû
attraper ; j'ay fait mes Ordonnances à l'avanture, et
ce seroit une chose plaisante si les malades guéris-
soient, et qu'on m'en vinst remercier.

D. JUAN

Et pourquoy non ? Par quelle raison n'aurois-tu pas
les mesmes privilèges qu'ont tous les autres Médecins ?
Ils n'ont pas plus de part que toy aux guérisons des
malades, et tout leur art est pure grimace. Ils ne font
rien que recevoir la gloire des heureux succèz, et tu
peux profiter, comme eux, du bon heur du malade, et
voir attribuer à tes remèdes tout ce qui peut venir des
faveurs du hazard, et des forces de la nature.

SGANARELLE

Comment, Monsieur, vous estes aussi impie en Médecine ?

D. JUAN

C'est une des grandes erreurs qui soit parmy les
hommes.

SGANARELLE

Quoy, vous ne croyez pas au sené, ny à la casse, ny
au vin hémétique ?

D. JUAN

Et pourquoy veux tu que j'y croye ?

XIV   8

SGANARELLE

Vous avez l'âme bien mécréante. Cependant vous
voyez depuis un temps que le vin hémétique fait bruire
ses fuseaux. Les miracles ont converty les plus incré-
dules esprits, et il n'y a pas trois semaines que j'en
ay veu, moy qui vous parle, un effet merveilleux.

D. JUAN

Et quel?

SGANARELLE

Il y avoit un homme qui, depuis six jours, estoit à
l'agonie. On ne sçavoit plus que luy ordonner, et tous
les remèdes ne faisoient rien; on s'avisa à la fin de
luy donner de l'hémétique.

D. JUAN

Il réchapa, n'est-ce pas?

SGANARELLE

Non, il mourut.

D. JUAN

L'effet est admirable.

SGANARELLE

Comment? Il y avoit six jours entiers qu'il ne pouvoit mourir, et cela le fit mourir tout d'un coup. Voulez-vous rien de plus efficace?

D. JUAN

Tu as raison.

SGANARELLE

Mais laissons-là la Médecine, où vous ne croyez
point, et parlons des autres choses; car cet habit me
donne de l'esprit, et je me sens en humeur de disputer contre vous. Vous sçavez bien que vous me per-
mettez les disputes, et que vous ne me défendez que
les remontrances.

D. JUAN

Hé bien!

SGANARELLE

Je veux sçavoir un peu vos pensées à fonds. Est-il
possible que vous ne croyiez point du tout au Ciel?

D. JUAN

Laissons cela.

SGANARELLE

C'est à dire que non. Et à l'Enfer?

D. JUAN

Eh!

SGANARELLE

Tout de même. Et au Diable, s'il vous plaît!

D. JUAN

Ouy, ouy.

SGANARELLE

Aussi peu. Ne croyez-vous point à l'autre vie?

D. JUAN

Ah, ah, ah!

SGANARELLE

Voilà un homme que j'auray bien de la peine à convertir. Et dites-moi un peu, le Moine bourru, qu'en croyez-vous ? eh!

D. JUAN

La peste soit du fat!

SGANARELLE

Et voilà ce que je ne puis souffrir ; car il n'y a rien de plus vrai que le Moine bourru, et je me feroiz pendre pour celuy-là. Mais encore faut-il croire quelque chose dans le Monde. Qu'est-ce donc que vous croyez ?

D. JUAN

Ce que je croy ?

SGANARELLE

Ouy.

D. JUAN

Je croy que deux et deux sont quatre, Sganarelle, et que quatre et quatre sont huit.

SGANARELLE

La belle croyance, et les beaux Articles de Foi que voilà! Vostre Religion, à ce que je vois, est donc l'Arithmétique ? Il faut avouer qu'il se met d'étranges folies dans la teste des hommes, et que, pour avoir bien étudié, on est bien moins sage le plus souvent. Pour moy, Monsieur, je n'ay point étudié comme

vous, Dieu mercy, et personne ne sçauroit se vanter de
m'avoir jamais rien appris; mais avec mon petit sens,
mon petit jugement, je vois les choses mieux que
tous les livres, et je comprends fort bien que ce Monde
que nous voyons n'est pas un champignon qui soit
venu tout seul en une nuit. Je voudrois bien vous
demander qui a fait ces arbres-là, ces rochers, cette
terre, et ce ciel, que voilà là-haut, et si tout cela s'est
basty de lui-même ? Vous voilà, vous, par exemple,
vous estes là: est-ce que vous vous estes fait tout seul,
et n'a-t-il pas fallu que vostre Père ait engrossé vostre
Mère pour vous faire ? Pouvez-vous voir toutes les
inventions dont la machine de l'Homme est com-
posée, sans admirer de quelle façon cela est agencé
l'un dans l'autre ? Ces nerfs, ces os, ces veines, ces
artères, ces... ce poumon, ce cœur, ce foye, et tous
ces autres ingrédiens, qui sont là et qui... Oh! dame,
interrompez-moy donc, si vous voulez. Je ne sçaurois
disputer, si l'on ne m'interrompt. Vous vous taisez
exprès, et me laissez parler par belle malice.

D. JUAN

J'attends que ton raisonnement soit fini.

SGANARELLE

Mon raisonnement est qu'il y a quelque chose
d'admirable dans l'Homme, quoy que vous puissiez

dire, que tous les sçavans ne sçauroient expliquer. Cela n'est-il pas merveilleux que me voilà icy, et que j'aie quelque chose dans la teste qui pense cent choses différentes en un moment, et fait de mon corps tout ce qu'elle veut? Je veux fraper des mains, hausser le bras, lever les yeux au Ciel, baisser la teste, remuer les pieds, aller à droite, à gauche, en avant, en arrière, tourner...

Il se laisse tomber en tournant.

D. JUAN

Bon! voilà ton raisonnement qui a le nez cassé.

SGANARELLE

Morbleu! je suis bien sot de m'amuser à raisonner avec vous. Croyez ce que vous voudrez; il m'importe bien que vous soyez damné!

D. JUAN

Mais, tout en raisonnant, je crois que nous sommes égarez. Appelle un peu cet homme que voilà là-bas, pour luy demander le chemin.

SGANARELLE

Hola, ho, l'homme, ho! mon compère, ho, l'ami! un petit mot, s'il vous plaît.

SCÈNE II

DON JUAN, SGANARELLE, un PAUVRE   .

SGANARELLE

Enseignez-nous un peu le chemin qui mène à la ville.

LE PAUVRE

Vous n'avez qu'à suivre cette route, Messieurs, et détourner à main droite quand vous serez au bout de la forest. Mais je vous donne avis que vous devez vous tenir sur vos gardes, et que, depuis quelque temps, il y a des voleurs icy autour.

D. JUAN

Je te suis bien obligé, mon amy, et je te rends grâce de tout mon cœur.

LE PAUVRE

Si vous vouliez, Monsieur, me secourir de quelque aumône.

D. JUAN

Ah, ah, ton avis est intéressé, à ce que je vois.

LE PAUVRE

Je suis un pauvre homme, Monsieur, retiré tout seul dans ce bois depuis dix ans, et je ne manquerai pas de prier le Ciel qu'il vous donne toute sorte de biens.

D. JUAN

Eh, prie-le qu'il te donne un habit, sans te mettre
en peine des affaires des autres.

SGANARELLE

Vous ne connoissez pas Monsieur, bon homme; il
ne croit qu'en *Deux et deux sont quatre,* et en *Quatre et
quatre sont huit.*

D. JUAN

Quelle est ton occupation parmi ces arbres ?

LE PAUVRE

De prier le Ciel tout le jour pour la prospérité des
gens de bien qui me donnent quelque chose.

D. JUAN

Il ne se peut donc pas que tu ne sois bien à ton
aise ?

LE PAUVRE

Hélas, Monsieur, je suis dans la plus grande nécessité du monde.

D. JUAN

Tu te moques; un homme qui prie le Ciel tout le
jour ne peut pas manquer d'estre bien dans ses affaires.

LE PAUVRE

Je vous assure, Monsieur, que le plus souvent je
n'ay pas un morceau de pain à mettre sous les dents.

D. JUAN

Voilà qui est étrange, et tu es bien mal reconnu de tes soins. Ah! ah! je m'en vais te donner un Louis d'or tout à l'heure, pourvu que tu veuilles jurer.

LE PAUVRE

Ah! Monsieur, voudriez-vous que je commisse un tel péché?

D. JUAN

Tu n'as qu'à voir si tu veux gagner un Louis d'or, ou non. En voici un que je te donne, si tu jures. Tiens, il faut jurer.

LE PAUVRE

Monsieur...

D. JUAN

A moins de cela, tu ne l'auras pas.

SGANARELLE

Va, va, jure un peu; il n'y a pas de mal.

D. JUAN

Prends, le voilà; prends, te dis-je, mais jure donc.

LE PAUVRE

Non, Monsieur, j'aime mieux mourir de faim.

D. JUAN

Va, va, je te le donne pour l'amour de l'humanité. — Mais que voy-je là? Un homme attaqué par trois

XIV.   9

autres? La partie est trop inégale, et je ne dois pas souffrir cette lascheté.

SCÈNE III

D. JUAN, D. CARLOS, SGANARELLE

SGANARELLE

Mon Maistre est un vray enragé d'aller se présenter à un péril qui ne le cherche pas; mais, ma foy, le secours a servy, et les deux ont fait fuir les trois.

D. CARLOS, *l'épée à la main.*

On voit, par la fuite de ces voleurs, de quel secours est vostre bras; souffrez, Monsieur, que je vous rende grâce d'une action si généreuse, et que.....

D. JUAN *revenant, l'épée à la main.*

Je n'ay rien fait, Monsieur, que vous n'eussiez fait en ma place. Nostre propre honneur est intéressé dans de pareilles avantures, et l'action de ces coquins estoit si lâche que c'eust esté y prendre part que de ne s'y pas opposer; mais par quelle rencontre vous estes-vous trouvé entre leurs mains?

D. CARLOS

Je m'estois par hazard égaré d'un Frère et de tous ceux de nostre suite, et, comme je cherchois à les rejoindre, j'ay fait rencontre de ces voleurs, qui d'abord

ont tué mon cheval, et qui, sans vostre valeur, en
auroient fait autant de moy.

D. JUAN

Vostre dessein est-il d'aller du costé de la Ville?

D. CARLOS

Oüy, mais sans y vouloir entrer, et nous nous
voyons obligez, mon Frère et moy, à tenir la campagne pour une de ces fascheuses affaires qui réduisent
les Gentilshommes à se sacrifier, eux et leur famille,
à la sévérité de leur honneur, puis qu'enfin le plus
doux succèz en est toûjours funeste et que, si l'on ne
quitte pas la vie, on est contraint de quitter le Royaume;
et c'est en quoy je trouve la condition d'un Gentilhomme malheureuse, de ne pouvoir point s'assurer
sur toute la prudence et toute l'honnesteté de sa conduite, d'estre asservy par les Loix de l'Honneur au
déréglement de la conduite d'autruy, et de voir sa vie,
son repos, et ses biens dépendre de la fantaisie du
premier téméraire, qui s'avisera de luy faire une de ces
injures pour qui un honneste homme doit périr.

D. JUAN

On a cet avantage qu'on fait courir le mesme ris-
que, et passer aussi mal le temps à ceux qui prennent
fantaisie de nous venir faire une offense de gayeté
de cœur. Mais ne seroit-ce point une indiscrétion

que de vous demander quelle peut estre vostre
affaire ?

D. CARLOS

La chose en est aux termes de n'en plus faire de
secret, et, lors que l'injure a une fois éclaté, nostre honneur ne va point à vouloir cacher nostre honte, mais à
faire éclater nostre vangeance, et à publier mesme le dessein que nous en avons. Ainsi, Monsieur, je ne feindray
point de vous dire que l'offense, que nous cherchons à
vanger, est une sœur séduite et enlevée d'un Convent,
et que l'auteur de cette offense est un D. Juan Tenorio,
fils de D. Louis Tenorio. Nous le cherchons depuis quelques jours, et nous l'avons suivy ce matin sur le rapport
d'un Valet, qui nous a dit qu'il sortoit à cheval, accompagné de quatre ou cinq, et qu'il avoit pris le long de
cette coste ; mais tous nos soins ont esté inutiles, et
nous n'avons pû découvrir ce qu'il est devenu.

D. JUAN

Le connoissez-vous, Monsieur, ce D. Juan dont
vous parlez ?

D. CARLOS

Non, quant à moy. Je ne l'ay jamais veu, et je l'ay
seulement oüy dépeindre à mon Frère ; mais la Renommée n'en dit pas force bien, et c'est un homme
dont la vie....

D. JUAN

Arrestez, Monsieur, s'il vous plaist ; il est un peu

de mes amis, et ce seroit à moy une espèce de lascheté que d'en oüir dire du mal.

D. CARLOS

Pour l'amour de vous, Monsieur, je n'en diray rien du tout, et c'est bien la moindre chose que je vous doive, après m'avoir sauvé la vie, que de me taire devant vous d'une personne que vous connoissez, lors que je ne puis en parler sans en dire du mal; mais, quelque amy que vous luy soyez, j'ose espérer que vous n'approuverez pas son action, et ne trouverez pas estrange que nous cherchions d'en prendre la vengeance.

D. JUAN

Au contraire, je vous y veux servir, et vous épargner des soins inutiles. Je suis amy de D. Juan; je ne puis pas m'en empescher, mais il n'est pas raisonnable qu'il offence impunément des Gentilshommes, et je m'engage à vous faire faire raison par luy.

D. CARLOS

Et quelle raison peut-on faire à ces sortes d'injures?

D. JUAN

Toute celle que vostre honneur peut souhaiter, et, sans vous donner la peine de chercher D. Juan davantage, je m'oblige à le faire trouver au lieu que vous voudrez, et quand il vous plaira.

D. CARLOS

Cet espoir est bien doux, Monsieur, à des cœurs offencez, mais, après ce que je vous dois, ce me seroit une trop sensible douleur que vous fussiez de la partie.

D. JUAN

Je suis si attaché à D. Juan qu'il ne sçauroit se battre que je ne me batte aussi ; mais enfin j'en réponds comme de moy-mesme, et vous n'avez qu'à dire quand vous voulez qu'il paroisse, et vous donne satisfaction.

D. CARLOS

Que ma destinée est cruelle ! Faut-il que je vous doive la vie, et que D. Juan soit de vos amis ?

SCÈNE IV

D. ALONSE, *et trois suivans*. D. CARLOS
D. JUAN, SGANARELLE

D. ALONSE

Faites boire là mes chevaux, et qu'on les amène après nous ; je veux un peu marcher à pied. O Ciel, que voy-je icy ? Quoy, mon frère, vous voilà avec nostre Ennemy mortel ?

D. CARLOS

Nostre Ennemy mortel !

D. JUAN, *se reculant trois pas et mettant la main sur la garde de son épée.*

Ouy, je suis D. Juan moy-mesme, et l'avantage du nombre ne m'obligera pas à vouloir déguiser mon nom.

D. ALONSE

Ah, traître, il faut que tu périsses, et...

D. CARLOS

Ah, mon Frère, arrestez ; je lui suis redevable de la vie et, sans le secours de son bras, j'aurois esté tué par des voleurs que j'ay trouvez.

D. ALONSE

Et voulez-vous que cette considération empesche nostre vengeance ? Tous les services que nous rend une main ennemie, ne sont d'aucun mérite pour engager nostre ame, et, s'il faut mesurer l'obligation à l'injure, vostre reconnoissance, mon Frère, est icy ridicule, et, comme l'honneur est infiniment plus précieux que la vie, c'est ne devoir rien proprement que d'estre redevable de la vie à qui nous a osté l'honneur.

D. CARLOS

Je sçay la différence, mon Frère, qu'un Gentilhomme doit toûjours mettre entre l'un et l'autre, et la reconnoissance de l'obligation n'efface point en moy le ressentiment de l'injure ; mais souffrez que je luy rende icy ce qu'il m'a presté, que je m'acquite, sur le

champ, de la vie que je luy dois par un délay de nostre
vengeance, et luy laisse la liberté de joüir durant
quelques jours du fruit de son bien-fait.

D. ALONSE

Non, non, c'est hazarder nostre vengeance que de
la reculer, et l'occasion de la prendre peut ne plus
revenir; le Ciel nous l'offre icy, c'est à nous d'en
profiter. Lors que l'honneur est blessé mortellement,
on ne doit point songer à garder aucunes mesures, et,
si vous répugnez à prester vôtre bras à cette action,
vous n'avez qu'à vous retirer, et laisser à ma main la
gloire d'un tel sacrifice.

D. CARLOS

De grâce, mon Frère.....

D. ALONSE

Tous ces discours sont superflus; il faut qu'il meure.

D. CARLOS

Arrestez-vous, dis-je, mon Frère; je ne souffriray
point du tout qu'on attaque ses jours, et je jure le
Ciel que je le défendray icy contre qui que ce soit, et
je sçauray luy faire un rempart de cette mesme vie
qu'il a sauvée, et, pour adresser vos coups, il faudra
que vous me perciez.

D. ALONSE

Quoy, vous prenez le party de nostre Ennemy

contre moy, et, loin d'estre saisi à son aspect des mesmes transports que je sens, vous faites voir pour luy des sentimens pleins de douceur?

D. CARLOS

Mon Frère, montrons de la modération dans une action légitime, et ne vangeons point nostre honneur avec cet emportement que vous témoignez. Ayons du cœur dont nous soyons les maîtres, une valeur qui n'ait rien de farouche, et qui se porte aux choses par une pure délibération de nostre raison, et non point par le mouvement d'une aveugle colère. Je ne veux point, mon Frère, demeurer redevable à mon Ennemy, et je luy ay une obligation dont il faut que je m'aquite avant toute chose. Nostre vangeance, pour estre différée, n'en sera pas moins éclatante; au contraire, elle en tirera de l'avantage, et cette occasion de l'avoir pû prendre, la fera paroistre plus juste aux yeux de tout le monde.

D. ALONSE

O l'étrange foiblesse, et l'aveuglement effroyable, d'hazarder ainsi les interests de son honneur pour la ridicule pensée d'une obligation chimérique!

D. CARLOS

Non, mon Frère, ne vous mettez pas en peine; si je fais une faute, je sçauray bien la réparer, et je me

XIV. 10

charge de tout le soin de nostre honneur ; je sçay à quoy il nous oblige, et cette suspension d'un jour que ma reconnoissance luy demande, ne fera qu'augmenter l'ardeur que j'ay de le satisfaire. D. Juan, vous voyez que j'ay soin de vous rendre le bien que j'ay reçeu de vous, et vous devez par là juger du reste, croire que je m'acquite avec mesme chaleur de ce que je dois, et que je ne seray pas moins exact à vous payer l'injure que le bien-fait. Je ne veux point vous obliger icy à expliquer vos sentimens, et je vous donne la liberté de penser à loisir aux résolutions que vous avez à prendre. Vous connoissez assez la grandeur de l'offence que vous nous avez faite, et je vous fais juge vous mesme des réparations qu'elle demande. Il est des moyens doux pour nous satisfaire ; il en est de violens et de sanglans, mais enfin, quelque choix que vous fassiez, vous m'avez donné parole de me faire faire raison par D. Juan ; songez à me la faire, je vous prie, et vous ressouvenez que hors d'icy je ne dois plus qu'à mon honneur.

D. JUAN

Je n'ay rien exigé de vous, et vous tiendray ce que j'ay promis.

D. CARLOS

Allons, mon Frère ; un moment de douceur ne fait aucune injure à la sévérité de nostre devoir.

SCÈNE V

D. JUAN, SGANARELLE

D. JUAN

Hola, hé, Sganarelle.

SGANARELLE

Plaist-il?

D. JUAN

Comment, coquin, tu fuis quand on m'attaque?

SGANARELLE

Pardonnez-moy, Monsieur, je viens seulement d'icy
près; je croy que cet habit est purgatif, et que c'est
prendre médecine que de le porter.

D. JUAN

Peste soit l'insolent; couvre au moins ta poltronnerie d'un voile plus honneste. Sçais-tu bien qui est
celuy à qui j'ay sauvé la vie?

SGANARELLE

Moy? non.

D. JUAN

C'est un Frère d'Elvire.

SGANARELLE

Un....

D. JUAN

Il est assez honneste homme; il en a bien usé, et
j'ay regret d'avoir démêlé avec luy.

SGANARELLE

Il vous seroit aisé de pacifier toutes choses.

D. JUAN

Ouy, mais ma passion est usée pour D. Elvire, et
l'engagement ne compatit point avec mon humeur.
J'aime la liberté en amour, tu le sçais, et je ne sçaurois me résoudre à renfermer mon cœur entre quatre
murailles. Je te l'ay dit vingt fois, j'ay une pente natu-
relle à me laisser aller à tout ce qui m'attire. Mon cœur
est à toutes les Belles, et c'est à elles à le prendre tour
à tour, et à le garder tant qu'elles le pourront. — Mais
quel est le superbe Edifice que je vois entre ces arbres ?

SGANARELLE

Vous ne le sçavez pas ?

D. JUAN

Non vraiment.

SGANARELLE

Bon ; c'est le Tombeau que le Commandeur faisoit faire lors que vous le tuastes.

D. JUAN

Ah ! tu as raison ; je ne sçavois pas que c'estoit de
ce costé-cy qu'il estoit. Tout le monde m'a dit des
merveilles de cet ouvrage, aussi bien que de la Statue
du Commandeur, et j'ay envie de l'aller voir.

SGANARELLE

Monsieur, n'allez point là.

D. JUAN

Pourquoy?

SGANARELLE

Cela n'est pas civil d'aller voir un homme que vous avez tué.

D. JUAN

Au contraire, c'est une visite dont je luy veux faire civilité, et qu'il doit recevoir de bonne grâce, s'il est galant homme. Allons, entrons dedans.

Le Tombeau s'ouvre, où l'on voit un superbe Mausolée, et la Statue du Commandeur.

SGANARELLE

Ah, que cela est beau! Les belles Statues? le beau marbre! les beaux pilliers! Ah, que cela est beau! Qu'en dites-vous, Monsieur?

D. JUAN

Qu'on ne peut voir aller plus loin l'ambition d'un homme mort, et ce que je trouve admirable, c'est qu'un homme, qui s'est passé, durant sa vie, d'une assez simple demeure, en veüille avoir une si magnifique pour quand il n'en a plus que faire.

SGANARELLE

Voicy la Statue du Commandeur.

D. JUAN

Parbleu, le voilà bon avec son habit d'Empereur Romain.

SGANARELLE

Ma foy, Monsieur, voilà qui est bien fait. Il semble qu'il est en vie, et qu'il s'en va parler. Il jette des regards sur nous qui me feroient peur si j'estois tout seul, et je pense qu'il ne prend pas plaisir de nous voir.

D. JUAN

Il auroit tort, et ce seroit mal recevoir l'honneur que je luy fais. Demande-luy s'il veut venir souper avec moy.

SGANARELLE

C'est une chose dont il n'a pas besoin, je croy.

D. JUAN

Demande-luy, te dis-je.

SGANARELLE

Vous moquez-vous ? Ce seroit estre fou que d'aller parler à une Statue.

D. JUAN

Fais ce que je te dis.

SGANARELLE

Quelle bizarrerie ! *Seigneur Commandeur...* Je ry de ma sottise, mais c'est mon Maître qui me la fait faire. *Seigneur Commandeur, mon Maître D. Juan vous demande si vous voulez luy faire l'honneur de venir souper avec luy.*

La Statue baisse la teste.

Ha !

D. JUAN

Qu'est-ce ? Qu'as-tu ? Dy donc, veux-tu parler ?

SGANARELLE fait le mesme signe que luy a fait la Statue,
et baisse la teste.

La Statue...

D. JUAN

Et bien, que veux-tu dire, traistre ?

SGANARELLE

Je vous dis que la Statue...

D. JUAN

Et bien, la Statue ? Je t'assomme si tu ne parles.

SGANARELLE

La Statue m'a fait signe.

D. JUAN

La peste le coquin.

SGANARELLE

Elle m'a fait signe, vous dis-je ; il n'est rien de plus vray. Allez-vous en luy parler vous mesme pour voir ; peut-estre...

D. JUAN

Viens, Maraut, viens, je te veux bien faire toucher au doigt ta poltronnerie, prends garde. — *Le Seigneur Commandeur voudroit-il venir souper avec moy ?*

La Statue baisse encore la teste.

SGANARELLE

Je ne voudrois pas en tenir dix pistolles. Et bien, Monsieur ?

D. JUAN

Allons, sortons d'icy,

SGANARELLE

Voilà de mes esprits forts qui ne veulent rien croire.

ACTE QUATRIESME

SCÈNE PREMIÈRE

D. JUAN, SGANARELLE

D. JUAN

uoy qu'il en soit, laissons cela; c'est une bagatelle, et nous pouvons avoir esté trompez par un faux jour, ou surpris de quelque vapeur qui nous ait troublé la veue.

SGANARELLE

Eh, Monsieur, ne cherchez point à démentir ce que nous avons veu des yeux que

XIV.   11

voilà. Il n'est rien de plus véritable que ce signe de teste, et je ne doute point que le Ciel, scandalizé de vostre vie, n'ait produit ce miracle pour vous convaincre, et pour vous retirer de...

D. JUAN

Ecoute. Si tu m'importunes davantage de tes sottes moralitez, si tu me dis encore le moindre mot là-dessus, je vais appeller quelqu'un, demander un nerf de bœuf, te faire tenir par trois ou quatre, et te roüer de mille coups. M'entens-tu bien ?

SGANARELLE

Fort bien, Monsieur, le mieux du monde ; vous vous expliquez clairement. C'est ce qu'il y a de bon en vous, que vous n'allez point chercher de détours ; vous dites les choses avec une netteté admirable.

D. JUAN

Allons, qu'on me fasse souper le plûtost que l'on pourra. Une chaise, petit garçon.

SCÈNE II

D. JUAN, LA VIOLETTE, SGANARELLE.

LA VIOLETTE

Monsieur, voilà vostre Marchand, Monsieur Dimanche, qui demande à vous parler.

SGANARELLE

Bon, voilà ce qu'il nous faut qu'un compliment de
créancier. De quoy s'avise-t-il de nous venir demander
de l'argent, et que ne luy disois-tu que Monsieur n'y
est pas ?

LA VIOLETTE

Il y a trois quarts d'heure que je luy dis ; mais il ne
veut pas le croire, et s'est assis là-dedans pour attendre.

SGANARELLE

Qu'il attende tant qu'il voudra.

D. JUAN

Non, au contraire, faites-le entrer ; c'est une fort mauvaise politique que de se faire céler aux créanciers. Il
est bon de les payer de quelque chose, et j'ay le secret
de les renvoyer satisfaits sans leur donner un double.

SCÈNE III

D. JUAN, Mr DIMANCHE, SGANARELLE. *Suite.*

D. JUAN, *faisant de grandes civilitez.*

Ah, Monsieur Dimanche, approchez. Que je suis
ravi de vous voir, et que je veux de mal à mes gens
de ne vous pas faire entrer d'abord ! J'avois donné
ordre qu'on ne me fist parler personne ; mais cet ordre

n'est pas pour vous, et vous estes en droit de ne trouver jamais de porte fermée chez moy.

Mr DIMANCHE

Monsieur, je vous suis fort obligé.

D. JUAN, *parlant à ses Laquais.*

Parbleu, coquins, je vous apprendray à laisser Monsieur Dimanche dans une antichambre, et je vous feray connoistre les gens.

M. DIMANCHE

Monsieur, cela n'est rien.

D. JUAN

Comment? Vous dire que je n'y suis pas, à Monsieur Dimanche, au meilleur de mes amis?

Mr DIMANCHE

Monsieur, je suis vostre serviteur. J'estois venu.....

D. JUAN

Allons, viste, un siège pour Monsieur Dimanche?

Mr DIMANCHE

Monsieur, je suis bien comme cela.

D. JUAN

Point, point; je veux que vous soyez assis contre moy.

Mr DIMANCHE

Cela n'est point nécessaire.

D. JUAN

Ostez ce pliant, et apportez un fauteuil.

Mr DIMANCHE

Monsieur, vous vous moquez, et.....

D. JUAN

Non, non, je sçay ce que je vous doy, et je ne veux
point qu'on mette de différence entre nous deux.

Mr DIMANCHE

Monsieur...

D. JUAN

Allons, asseyez-vous.

Mr DIMANCHE

Il n'est pas besoin, Monsieur, et je n'ay qu'un mot
à vous dire. J'estois...

D. JUAN

Mettez-vous là, vous dis-je.

Mr DIMANCHE

Non, Monsieur, je suis bien. Je viens pour...

D. JUAN

Non, je ne vous écoute point si vous n'estes assis.

Mr DIMANCHE

Monsieur, je fais ce que vous voulez. Je...

D. JUAN

Parbleu, Monsieur Dimanche, vous vous portez bien.

Mr DIMANCHE

Ouy, Monsieur, pour vous rendre service. Je suis venu...

D. JUAN

Vous avez un fonds de santé admirable, des lèvres fraisches, un teint vermeil, et des yeux vifs.

Mr DIMANCHE

Je voudrois bien...

D. JUAN

Comment se porte Madame Dimanche, vostre Epouse?

Mr DIMANCHE

Fort bien, Monsieur, Dieu mercy.

D. JUAN

C'est une brave femme.

Mr DIMANCHE

Elle est vostre servante, Monsieur. Je venois...

D. JUAN

Et vostre petite fille Claudine, comment se porte-t-elle?

Mr DIMANCHE

Le mieux du monde.

D. JUAN

La jolie petite fille que c'est! Je l'aime de tout mon cœur.

Mr DIMANCHE

C'est trop d'honneur que vous luy faites, Monsieur.
Je vous...

D. JUAN

Et le petit Colin? Fait-il toûjours bien du bruit avec
son tambour?

Mr DIMANCHE

Toûjours de mesme, Monsieur. Je...

D. JUAN

Et vostre petit chien Brusquet? Gronde-t-il toûjours
aussi fort, et mord-il toûjours bien aux jambes les
gens qui vont chez vous?

Mr DIMANCHE

Plus que jamais, Monsieur, et nous ne sçaurions
en chevir.

D. JUAN

Ne vous estonnez pas si je m'informe des nouvelles
de toute la famille, car j'y prends beaucoup d'interest.

Mr DIMANCHE

Nous vous sommes, Monsieur, infiniment obligez.
Je...

D. JUAN, *luy tendant la main.*

Touchez donc là, Monsieur Dimanche. Estes-vous
bien de mes amis?

Mr DIMANCHE

Monsieur, je suis vostre serviteur.

D. JUAN

Parbleu, je suis à vous de tout mon cœur.

Mr DIMANCHE

Vous m'honorez trop. Je...

D. JUAN

Il n'y a rien que je ne fisse pour vous.

Mr DIMANCHE

Monsieur, vous avez trop de bonté pour moy.

D. JUAN

Et cela sans interest, je vous prie de le croire.

Mr DIMANCHE

Je n'ay point mérité cette grâce assurément; mais,
Monsieur...

D. JUAN

Oh, ça, Monsieur Dimanche, sans façon, voulez-vous
souper avec moy?

Mr DIMANCHE

Non, Monsieur, il faut que je m'en retourne tout à
l'heure. Je...

D. JUAN, *se levant.*

Allons, viste un flambeau pour conduire Monsieur

Dimanche, et que quatre ou cinq de mes gens prennent des mousquetons pour l'escorter.

Mr DIMANCHE, *se levant de mesme.*

Monsieur, il n'est pas nécessaire, et je m'en iray bien tout seul. Mais...

Sganarelle oste les sièges promptement.

D. JUAN

Comment ? Je veux qu'on vous escorte, et je m'intéresse trop à vostre personne ; je suis vostre serviteur, et de plus vostre débiteur.

Mr DIMANCHE

Ah, Monsieur...

D. JUAN

C'est une chose que je ne cache pas, et je le dis à tout le monde.

Mr DIMANCHE

Si...

D. JUAN

Voulez-vous que je vous reconduise ?

Mr DIMANCHE

Ah, Monsieur, vous vous moquez. Monsieur...

D. JUAN

Embrassez-moy donc, s'il vous plaist. Je vous prie encore une fois d'estre persuadé que je suis tout à

XIV.   12

vous, et qu'il n'y a rien au Monde que je ne fisse pour vostre service.

Il sort.

SGANARELLE

Il faut avouer que vous avez en Monsieur un homme qui vous aime bien.

Mr DIMANCHE

Il est vray; il me fait tant de civilitez et tant de complimens que je ne sçaurois jamais luy demander de l'argent.

SGANARELLE

Je vous assure que toute sa Maison périroit pour vous, et je voudrois qu'il vous arrivast quelque chose, que quelqu'un s'avisast de vous donner des coups de baston; vous verriez de quelle manière...

Mr DIMANCHE

Je le croy, mais, Sganarelle, je vous prie de luy dire un petit mot de mon argent.

SGANARELLE

Oh ne vous mettez pas en peine. Il vous payera le mieux du monde.

Mr DIMANCHE

Mais vous, Sganarelle, vous me devez quelque chose en vostre particulier.

SGANARELLE

Fy, ne parlez pas de cela.

Mr DIMANCHE

Comment? je...

SGANARELLE

Ne sçais-je pas bien que je vous dois ?

Mr DIMANCHE

Ouy, mais...

SGANARELLE

Allons, Monsieur Dimanche, je vais vous éclairer.

Mr DIMANCHE

Mais mon argent...

SGANARELLE *prenant Monsieur Dimanche par le bras.*

Vous moquez-vous ?

Mr DIMANCHE

Je veux...

SGANARELLE *le tirant*

Eh.

Mr DIMANCHE

J'entends...

SGANARELLE *le poussant*

Bagatelles.

Mr DIMANCHE

Mais...

SGANARELLE *le poussant*

Fy.

Mr DIMANCHE

Je...

SGANARELLE *le poussant tout à fait hors du Théâtre.*

Fy, vous dis-je.

SCÈNE IV

D. LOUIS, D. JUAN, LA VIOLÈTE,
SGANARELLE

LA VIOLÈTE

Monsieur, voilà Monsieur vostre père.

D. JUAN

Ah, me voicy bien; il me falloit cette visite pour
me faire enrager.

D. LOUIS

Je vois bien que je vous embarrasse et que vous vous
passeriez fort aisément de ma venue. A dire vray,
nous nous incommodons estrangement l'un et l'autre,
et, si vous estes las de me voir, je suis bien las aussi
de vos déportemens. Hélas, que nous sçavons peu ce
que nous faisons, quand nous ne laissons pas au Ciel
le soin des choses qu'il nous faut, quand nous voulons estre plus avisez que luy, et que nous venons à
l'importuner par nos souhaits aveugles, et nos demandes

inconsidérées ! J'ay souhaité un fils avec des ardeurs
nompareilles ; je l'ay demandé sans relasche avec des
transports incroyables, et ce fils que j'obtiens, en fati-
guant le Ciel de vœux, est le chagrin et le supplice
de cette vie mesme dont je croyois qu'il devoit estre
la joye et la consolation. De quel œil, à vostre avis,
pensez-vous que je puisse voir cet amas d'actions
indignes dont on a peine, aux yeux du Monde,
d'adoucir le mauvais visage ; cette suite continuelle de
méchantes affaires, qui nous réduisent à toutes heures
à lasser les bontez du Souverain, et qui ont épuisé
auprès de luy le mérite de mes services et le crédit
de mes amis ? Ah, quelle bassesse est la vostre ! Ne
rougissez-vous point de mériter si peu vostre naissance ?
Estes-vous en droit, dites-moy, d'en tirer quelque
vanité ? Et qu'avez-vous fait dans le Monde pour estre
Gentilhomme ? Croyez-vous qu'il suffise d'en porter
le nom et les armes, et que ce nous soit une gloire
d'estre sorti d'un sang noble, lors que nous vivons en
infâmes ? Non, non, la naissance n'est rien où la
vertu n'est pas. Aussi nous n'avons part à la gloire
de nos Ancestres qu'autant que nous nous efforçons
de leur ressembler, et cet éclat de leurs actions qu'ils
répandent sur nous, nous impose un engagement de
leur faire le mesme honneur, de suivre les pas qu'ils
nous tracent, et de ne point dégénérer de leurs vertus,

si nous voulons estre estimez leurs véritables descen-
dans. Ainsi vous descendez en vain des Ayeux dont
vous estes né ; ils vous désavouent pour leur sang, et
tout ce qu'ils ont fait d'illustre ne vous donne aucun
avantage ; au contraire, l'éclat n'en rejaillit sur vous
qu'à vostre deshonneur, et leur gloire est un flambeau
qui éclaire aux yeux d'un chacun la honte de vos
actions. Apprenez enfin qu'un Gentilhomme qui vit
mal est un monstre dans la Nature, que la vertu est le
premier titre de Noblesse, que je regarde bien moins
au nom qu'on signe qu'aux actions qu'on fait, et que
je ferois plus d'estat du fils d'un Crocheteur, qui seroit
honneste homme, que du fils d'un Monarque qui
vivroit comme vous.

D. JUAN

Monsieur, si vous estiez assis, vous en seriez mieux
pour parler.

D. LOUIS

Non, insolent, je ne veux point m'asseoir, ny parler
davantage, et je vois bien que toutes mes paroles ne
font rien sur ton ame ; mais sçache, fils indigne, que
la tendresse paternelle est poussée à bout par tes
actions ; que je sçauray, plus tost que tu ne penses,
mettre une borne à tes déréglemens, prévenir sur toy
le courroux du Ciel, et laver dans ta punition la
honte de t'avoir fait naistre.

Il sort.

SCÈNE V

D. JUAN, SGANARELLE

D. JUAN

Eh, mourez le plûtost que vous pourrez ; c'est le
mieux que vous puissiez faire. Il faut que chacun ait
son tour, et j'enrage de voir des pères qui vivent autant
que leurs fils.

Il se met dans son fauteuil.

SGANARELLE

Ah, Monsieur, vous avez tort.

D. JUAN

J'ay tort ?

SGANARELLE

Monsieur.

D. JUAN *se lève de son siège.*

J'ay tort ?

SGANARELLE

Ouy, Monsieur, vous avez tort d'avoir souffert ce
qu'il vous a dit, et vous le deviez mettre dehors par
les épaules. A-t-on jamais rien veu de plus impertinent ? Un père venir faire des remontrances à son fils
et luy dire de corriger ses actions, de se ressouvenir
de sa naissance, de mener une vie d'honneste homme,
et cent autres sottises de pareille nature. Cela se peut-
il souffrir à un homme comme vous, qui sçavez

comme il faut vivre. J'admire vostre patience, et, si j'avois esté en vostre place, je l'aurois envoyé promener. — O complaisance maudite, à quoy me réduis-tu?

D. JUAN

Me fera-t-on souper bien-tost ?

SCÈNE VI

D. JUAN, D. ELVIRE, RAGOTIN, SGANARELLE

RAGOTIN

Monsieur, voicy une Dame voilée qui vient vous parler.

D. JUAN

Que pourroit-ce estre ?

SGANARELLE

Il faut voir.

D. ELVIRE

Ne soyez point surpris, D. Juan, de me voir à cette heure et dans cet équipage. C'est un motif pressant qui m'oblige à cette visite, et ce que j'ay à vous dire ne veut point du tout de retardement. Je ne viens point icy pleine de ce courroux que j'ay tantost fait éclater, et vous me voyez bien changée de ce que j'estois ce matin. Ce n'est plus cette D. Elvire qui faisoit des vœux contre vous, et dont l'âme irritée ne

jettoit que menaces et ne respiroit que vengeance. Le
Ciel a banny de mon âme toutes ces indignes ardeurs
que je sentois pour vous, tous ces transports tumul-
tueux d'un attachement criminel, tous ces honteux
emportemens d'un amour terrestre et grossier, et il
n'a laissé dans mon cœur pour vous qu'une flâme
épurée de tout le commerce des sens, une tendresse
toute sainte, un amour détaché de tout, qui n'agit
point pour soy, et ne se met en peine que de vostre
intérest.

D. JUAN à Sganarelle

Tu pleures, je pense.

SGANARELLE

Pardonnez-moy.

D. ELVIRE

C'est ce parfait et pur amour qui me conduit icy
pour vostre bien, pour vous faire part d'un avis du
Ciel, et tâcher de vous retirer du précipice où vous
courez. Ouy, D. Juan, je sçay tous les dérèglemens
de vostre vie, et ce mesme Ciel, qui m'a touché le
cœur et fait jetter les yeux sur les égaremens de ma
conduite, m'a inspiré de vous venir trouver, et de vous
dire, de sa part, que vos offences ont épuisé sa miséricorde, que sa colère redoutable est preste de tomber
sur vous, qu'il est en vous de l'éviter par un prompt
repentir, et que, peut-estre, vous n'avez pas encore un

XIV.  13

jour à vous pouvoir soustraire au plus grand de tous
les malheurs. Pour moy, je ne tiens plus à vous par
aucun attachement du Monde. Je suis revenue, grâces
au Ciel, de toutes mes foles pensées. Ma retraite est
résolue, et je ne demande qu'assez de vie pour pouvoir expier la faute que j'ay faite, et mériter par une
austère pénitence le pardon de l'aveuglement où m'ont
plongée les transports d'une passion condamnable ;
mais, dans cette retraite, j'aurois une douleur extrême
qu'une personne que j'ay chérie tendrement, devînt
un exemple funeste de la Justice du Ciel, et ce me
sera une joye incroyable si je puis vous porter à
détourner de dessus vostre teste l'épouvantable coup
qui vous menace. De grâce, D. Juan, accordez-moy
pour dernière faveur cette douce consolation ; ne me
refusez point vostre salut, que je vous demande avec
larmes, et, si vous n'estes point touché de vostre intérest, soyez-le au moins de mes prières, et m'épargnez
le cruel déplaisir de vous voir condamner à des sup-
plices éternels.

SGANARELLE

Pauvre femme !

D. ELVIRE

Je vous ay aimé avec une tendresse extrême ; rien
au Monde ne m'a esté si cher que vous ; j'ay oublié
mon devoir pour vous ; j'ay fait toutes choses pour

vous, et toute la récompense que je vous en demande, c'est de corriger vostre vie, et de prévenir vostre perte. Sauvez-vous, je vous prie, ou pour l'amour de vous, ou pour l'amour de moy. Encore une fois, D. Juan, je vous le demande avec larmes, et, si ce n'est assez des larmes d'une personne que vous avez aimée, je vous en conjure par tout ce qui est le plus capable de vous toucher.

SGANARELLE

Cœur de tigre!

D. ELVIRE

Je m'en vais après ce discours, et voilà tout ce que j'avois à vous dire.

D. JUAN

Madame, il est tard, demeurez icy; on vous y logera le mieux qu'on pourra.

D. ELVIRE

Non, D. Juan, ne me retenez pas davantage.

D. JUAN

Madame, vous me ferez plaisir de demeurer, je vous assure.

D. ELVIRE

Non, vous dis-je, ne perdons point de temps en discours superflus; laissez-moy viste aller, ne faites aucune instance pour me conduire, et songez seulement à profiter de mon avis.

SCÈNE VII

D. JUAN, SGANARELLE. *Suite.*

D. JUAN

Sçais-tu bien que j'ay encore senty quelque peu d'émotion pour elle, que j'ay trouvé de l'agrément dans cette nouveauté bizarre, et que son habit négligé, son air languissant et ses larmes ont réveillé en moy quelques restes d'un feu éteint.

SGANARELLE

C'est à dire que ses paroles n'ont fait aucun effet sur vous.

D. JUAN

Viste à souper.

SGANARELLE

Fort bien.

D. JUAN *se mettant à table.*

Sganarelle, il faut songer à s'amender pourtant.

SGANARELLE

Ouy dea.

D. JUAN

Oüy, ma foy, il faut s'amender ; encore vingt ou trente ans de cette vie-cy, et puis nous songerons à nous.

SGANARELLE

Oh.

D. JUAN

Qu'en dis-tu ?

SGANARELLE

Rien ; voilà le soupé.

Il prend un morceau d'un des plats qu'on apporte et le met dans sa bouche.

D. JUAN

Il me semble que tu as la joue enflée ; qu'est-ce que c'est? Parle donc, qu'as-tu là ?

SGANARELLE

Rien.

D. JUAN

Montre un peu. Parbleu, c'est une fluxion qui luy est tombée sur la joüe; viste une lancette pour percer cela. Le pauvre garçon n'en peut plus, et cet abcèz le pourroit étouffer. Attends; voyez comme il estoit meur. Ah, coquin que vous estes.

SGANARELLE

Ma foy, Monsieur, je voulois voir si vostre Cuisinier n'avoit point mis trop de sel, ou trop de poivre.

D. JUAN

Allons, mets-toy là et mange. J'ay affaire de toy quand j'auray soupé ; tu as faim, à ce que je voy.

SGANARELLE *se met à table.*

Je le croy bien, Monsieur ; je n'ay point mangé

depuis ce matin. Tastez de cela, voilà qui est le meil-
leur du monde. *Un Laquais oste les assiettes de Sganarelle d'abord qu'il y a
dessus à manger.* Mon assiette, mon assiette. Tout doux, s'il
vous plaist. Vertubleu, petit Compère, que vous estes
habile à donner des assiettes nettes, et vous, petit
La Violète, que vous sçavez présenter à boire à propos.
Pendant qu'un Laquais donne à boire à Sganarelle, l'autre Laquais oste encore son assiette.

D. JUAN

Qui peut frapper de cette sorte ?

SGANARELLE

Qui diable nous vient troubler dans nostre repas ?

D. JUAN

Je veux souper en repos au moins, et qu'on ne
laisse entrer personne.

SGANARELLE

Laissez-moy faire, je m'y en vais moy-mesme.

D. JUAN

Qu'est-ce donc ? Qu'y a-t-il ?

SGANARELLE, *baissant la teste comme a fait la Statue :*

Le... qui est là.

D. JUAN

Allons voir, et montrons que rien ne me sçauroit
ébranler.

SGANARELLE

Ah, pauvre Sganarelle, où te cacheras-tu ?

SCÈNE VIII

D. JUAN, LA STATUE DU COMMANDEUR *qui vient se mettre à table;* SGANARELLE. *Suite.*

D. JUAN

Une chaise et un couvert; viste donc. *A Sganarelle:* Allons, mets-toy à table.

SGANARELLE

Monsieur, je n'ay plus de faim.

D. JUAN

Mets-toy là, te dis-je. A boire. A la santé du Commandeur; je te la porte, Sganarelle. Qu'on lui donne du vin.

SGANARELLE

Monsieur, je n'ay pas soif.

D. JUAN

Bois, et chante ta chanson pour régaler le Commandeur.

SGANARELLE

Je suis enrumé, Monsieur.

D. JUAN

Il n'importe, allons. Vous autres, venez, accompagnez sa voix.

LA STATUE

D. Juan, c'est assez. Je vous invite à venir demain souper avec moy; en aurez-vous le courage?

D. JUAN

Ouy, j'iray, accompagné du seul Sganarelle.

SGANARELLE

Je vous rends grâce, il est demain jeusne pour moy.

D. JUAN *à Sganarelle*

Prends ce flambeau.

LA STATUE

On n'a pas besoin de lumière, quand on est conduit par le Ciel.

ACTE CINQUIESME

SCÈNE PREMIÈRE

D. LOUIS, D. JUAN, SGANARELLE

D. LOUIS

Quoy, mon fils, seroit-il possible que la bonté du Ciel eust exaucé mes vœux ? Ce que vous me dites est-il bien vray ? Ne m'abusez-vous point d'un faux espoir, et puis-je prendre quelque assurance sur la nouveauté surprenante d'une telle conversion ?

D. JUAN, *faisant l'Hipocrite.*

Oüy, vous me voyez revenu de toutes mes erreurs ;
je ne suis plus le mesme d'hier au soir, et le Ciel tout
d'un coup a fait en moy un changement qui va sur-
prendre tout le Monde. Il a touché mon ame, et des-
sillé mes yeux, et je regarde avec horreur le long
aveuglement où j'ay esté et les désordres criminels de
la vie que j'ay menée. J'en repasse dans mon esprit
toutes les abominations, et m'estonne comme le Ciel
les a pû souffrir si long-temps, et n'a pas vingt fois
sur ma teste laissé tomber les coups de sa Justice
redoutable. Je voy les grâces que sa bonté m'a faites
en ne me punissant point de mes crimes, et je prétends
en profiter comme je doy, faire éclater aux yeux du
Monde un soudain changement de vie, réparer par là le
scandale de mes actions passées, et m'efforcer d'en
obtenir du Ciel une pleine rémission. C'est à quoy je
vais travailler, et je vous prie, Monsieur, de vouloir
bien contribuer à ce dessein, et de m'aider vous-mesme
à faire choix d'une personne qui me serve de guide, et
sous la conduite de qui je puisse marcher seurement
dans le chemin où je m'en vais entrer.

D. LOUIS

Ah, mon fils, que la tendresse d'un père est aisément rappellée, et que les offences d'un fils s'évanouis-

sent viste au moindre mot de repentir ! Je ne me
souviens plus déjà de tous les déplaisirs que vous
m'avez donnez, et tout est effacé par les paroles que
vous venez de me faire entendre. Je ne me sens pas,
je l'avoüe ; je jette des larmes de joye ; tous mes vœux
sont satisfaits, et je n'ay plus rien désormais à demander au Ciel. Embrassez-moy, mon fils, et persistez, je
vous conjure, dans cette louable pensée. Pour moy,
j'en vais tout de ce pas porter l'heureuse nouvelle à
vostre mère, partager avec elle les doux transports du
ravissement où je suis, et rendre grâce au Ciel des
saintes résolutions qu'il a daigné vous inspirer. ·

SCÈNE II

D. JUAN, SGANARELLE

SGANARELLE

Ah, Monsieur, que j'ay de joye de vous voir converty ? Il y a long-temps que j'attendois cela, et voilà,
grâce au Ciel, tous mes souhaits accomplis.

D. JUAN

La peste le benest.

SGANARELLE

·Comment, le benest ?

D. JUAN

Quoy? Tu prends pour de bon argent ce que je viens de dire, et tu crois que ma bouche estoit d'accord avec mon cœur ?

SGANARELLE

Quoy, ce n'est pas..... Vous ne..... Vostre......... Oh quel homme ! quel homme ! quel homme !

D. JUAN

Non, non, je ne suis point changé, et mes sentimens sont toûjours les mesmes.

SGANARELLE

Vous ne vous rendez pas à la surprenante merveille de cette Statue mouvante et parlante ?

D. JUAN

Il y a bien quelque chose là-dedans que je ne comprends pas ; mais, quoy que ce puisse estre, cela n'est pas capable, ny de convaincre mon esprit, ny d'ébranler mon âme, et, si j'ay dit que je voulois corriger ma conduite, et me jetter dans un train de vie exemplaire, c'est un dessein que j'ay formé par pure politique, un stratagesme utile, une grimace nécessaire, où je veux me contraindre pour ménager un père, dont j'ay besoin, et me mettre à couvert du costé des hommes de cent fascheuses avantures qui pourroient m'arriver. Je veux bien, Sganarelle, t'en faire confidence, et je

suis bien-aise d'avoir un témoin du fond de mon âme
et des véritables motifs qui m'obligent à faire les
choses.

SGANARELLE

Quoy ? Vous ne croyez rien du tout, et vous voulez
cependant vous ériger en homme de bien ?

D. JUAN

Et pourquoy non ? Il y en a tant d'autres comme
moy qui se mêlent de ce métier, et qui se servent du
mesme masque pour abuser le Monde.

SGANARELLE

Ah, quel homme ! quel homme !

D. JUAN

Il n'y a plus de honte maintenant à cela. L'Hipocrisie est un vice à la mode, et tous les vices à la
mode passent pour vertus. Le personnage d'homme de
bien est le meilleur de tous les personnages qu'on
puisse jouer aujourd'hui, et la profession d'Hipocrite
a de merveilleux avantages. C'est un art de qui l'im-
posture est toûjours respectée, et, quoy qu'on la
découvre, on n'ose rien dire contr'elle. Tous les autres
vices des hommes sont exposez à la censure, et
chacun a la liberté de les attaquer hautement ; mais
l'Hipocrisie est un vice privilégié, qui de sa main
ferme la bouche à tout le monde, et joüit en repos

d'une impunité souveraine. On lie, à force de grimaces
une société étroite avec tous les gens du party ; qui en
choque un, se les attire tous sur les bras, et ceux que
l'on sçait mesme agir de bonne foy là-dessus, et que
chacun connoist pour estre veritablement touchez,
ceux-là, dis-je, sont le plus souvent les dupes des
autres ; ils donnent bonnement dans le panneau des
grimaciers, et appuyent aveuglément les singes de
leurs actions. Combien crois-tu que j'en connoisse,
qui par ce stratagême ont r'habillé adroitement les
désordres de leur jeunesse et, sous cet habit respecté,
ont la permission d'estre les plus méchans hommes
du Monde ? On a beau sçavoir leurs intrigues, et les
connoistre pour ce qu'ils sont ; ils ne laissent pas
pour cela d'estre en crédit parmy les gens, et quelque
baissement de teste, un soûpir mortifié, et deux roule-
ments d'yeux rajustent dans le Monde tout ce qu'ils
peuvent faire. C'est sous cet abry favorable que je
veux mettre en seureté mes affaires. Je ne quitteray
point mes douces habitudes ; mais j'auray soin de me
cacher, et me divertiray à petit bruit. Que si je viens à
estre découvert, je verray, sans me remuer, prendre
mes interests à toute la cabale, et je seray défendu par
elle envers et contre tous. Enfin, c'est là le vray
moyen de faire impunément tout ce que je voudray.
Je m'érigeray en censeur des actions d'autruy, jugeray

mal de tout le monde, et n'auray bonne opinion que
de moy. Dès qu'une fois on m'aura choqué tant soit
peu, je ne pardonneray jamais, et garderay tout doucement une haine irréconciliable. Je feray le vangeur
des intérests du Ciel, et, sous ce prétexte commode,
je pousseray mes Ennemis, je les accuseray d'impieté,
et sçauray déchaîner contr'eux des zélez indiscrets,
qui sans connoissance de cause crieront en public
contr'eux, qui les accableront d'injures, et les damne-
ront hautement de leur authorité privée. C'est ainsi
qu'il faut profiter des foiblesses des hommes, et qu'un
sage esprit s'accommode aux vices de son siècle.

SGANARELLE

O Ciel! qu'entends-je icy? Il ne vous manquoit plus
que d'estre Hipocrite pour vous achever de tout point,
et voilà le comble des abominations. Monsieur, cette
dernière-cy m'emporte, et je ne puis m'empescher de
parler. Faites-moy tout ce qu'il vous plaira, battez-moy,
assommez-moy de coups, tuez-moy, si vous voulez;
il faut que je décharge mon cœur, et qu'en Valet
fidèle je vous dise ce que je dois. Sçachez, Monsieur,
que tant va la cruche à l'eau qu'enfin elle se brise, et,
commé dit fort bien cet Autheur que je ne connois
pas, l'homme est en ce Monde ainsi que l'oiseau sur
la branche, la branche est attachée à l'arbre, qui

s'attache à l'arbre suit de bons préceptes, les bons préceptes valent mieux que les belles paroles, les belles
paroles se trouvent à la Cour, à la Cour sont les
Courtisans, les Courtisans suivent la mode, la mode
vient de la fantaisie, la fantaisie est une faculté de
l'âme, l'âme est ce qui nous donne la vie, la vie finit
par la mort, la mort nous fait penser au Ciel, le Ciel
est au-dessus de la Terre, la Terre n'est point la
Mer, la Mer est sujette aux orages, les orages tour-
mentent les vaisseaux, les vaisseaux ont besoin d'un
bon pilote, un bon pilote a de la prudence, la prudence n'est point dans les jeunes gens, les jeunes gens
doivent obéissance aux vieux, les vieux ayment les
richesses, les richesses font les riches, les riches ne
sont pas pauvres, les pauvres ont de la nécessité, la
nécessité n'a point de loy, qui n'a pas de loy vit en
bête brute, et par conséquent vous serez damné à tous
les Diables.

D. JUAN

O le beau raisonnement!

SGANARELLE

Aprés cela, si vous ne vous rendez, tant pis pour
vous.

SCENE III

D. CARLOS, D. JUAN, SGANARELLE

D. CARLOS

Dom Juan, je vous trouve à propos, et suis bien aise de vous parler icy plûtost que chez vous, pour vous demander vos résolutions. Vous sçavez que ce soin me regarde, et que je me suis en vostre présence chargé de cette affaire. Pour moy, je ne le cèle point, je souhaite fort que les choses aillent dans la douceur, et il n'y a rien que je ne fasse pour porter vostre esprit à vouloir prendre cette voye, et pour vous voir publiquement confirmer à ma sœur le nom de vostre Femme.

D. JUAN *d'un ton hipocrite.*

Helas! je voudrois bien de tout mon cœur vous donner la satisfaction que vous souhaitez, mais le Ciel s'y oppose directement; il a inspiré à mon âme le dessein de changer de vie, et je n'ay point d'autres pensées maintenant que de quitter entièrement tous les attachemens du Monde, de me dépouiller au plûtost de toutes sortes de vanitez et de corriger desormais par une austère conduite tous les dérèglemens criminels où m'a porté le feu d'une aveugle jeunesse.

XIV.   15

D. CARLOS

Ce dessein, D. Juan, ne choque point ce que je dis,
et la compagnie d'une Femme légitime peut bien s'ac-
commoder avec les louables pensées que le Ciel vous
inspire.

D. JUAN

Helas! point du tout, c'est un dessein que vostre
sœur elle-même a pris; elle a résolu sa retraite, et
nous avons esté touchez tous deux en mesme temps.

D. CARLOS

Sa retraite ne peut nous satisfaire, pouvant estre im-
putée au mépris que vous feriez d'elle et de nostre
famille, et nostre honneur demande qu'elle vive avec
vous.

D. JUAN

Je vous assure que cela ne se peut. J'en avois pour
moy toutes les envies du monde, et je me suis mesme
encore aujourd'huy conseillé au Ciel pour cela; mais,
lors que je l'ay consulté, j'ay entendu une voix qui m'a
dit que je ne devois point songer à vostre sœur, et
qu'avec elle assurément je ne ferois point mon salut.

D. CARLOS

Croyez-vous, D. Juan, nous éblouïr par ces belles
excuses?

D. JUAN

J'obéis à la voix du Ciel.

D. CARLOS

Quoy, vous voulez que je me paye d'un semblable discours ?

D. JUAN

C'est le Ciel qui le veut ainsi.

D. CARLOS

Vous aurez fait sortir ma sœur d'un Convent pour la laisser ensuite ?

D. JUAN

Le Ciel l'ordonne de la sorte.

D. CARLOS

Nous souffrirons cette tache en nostre famille ?

D. JUAN

Prenez-vous en au Ciel.

D. CARLOS

Et quoy, toujours le Ciel ?

D. JUAN

Le Ciel le souhaite comme cela.

D. CARLOS

Il suffit, D. Juan, je vous entends. Ce n'est pas icy

que je veux vous prendre, et le lieu ne le souffre pas; mais, avant qu'il soit peu, je sçauray vous trouver.

D. JUAN

Vous ferez ce que vous voudrez; vous sçavez que je ne manque point de cœur, et que je sçay me servir de mon épée quand il le faut. Je m'en vais passer tout à l'heure dans cette petite ruë écartée qui mène au grand Convent; mais je vous déclare, pour moy, que ce n'est point moy qui me veux battre; le Ciel m'en défend la pensée, et, si vous m'attaquez, nous verrons ce qui en arrivera.

D. CARLOS

Nous verrons, de vray, nous verrons.

SCÈNE IV

D. JUAN, SGANARELLE

SGANARELLE

Monsieur, quel diable de stile prenez-vous là? Cecy est bien pis que le reste, et je vous aimerois bien mieux encore comme vous estiez auparavant. J'espèrois toûjours de vostre salut, mais c'est maintenant que j'en desespère, et je croy que le Ciel, qui vous a souffert jusques icy, ne pourra souffrir du tout cette dernière horreur.

D. JUAN

Va, va, le Ciel n'est pas si exact que tu penses, et
si, toutes les fois que les hommes...

SGANARELLE

Ah, Monsieur, c'est le Ciel qui vous parle, et c'est
un avis qu'il vous donne.

D. JUAN

Si le Ciel me donne un avis, il faut qu'il parle un
peu plus clairement, s'il veut que je l'entende.

SCÈNE V

D. JUAN, UN SPECTRE *en femme voilée*, SGANARELLE

LE SPECTRE

Dom Juan n'a plus qu'un moment à pouvoir profiter de la miséricorde du Ciel, et, s'il ne se repent icy,
sa perte est résolue.

SGANARELLE

Entendez-vous, Monsieur ?

D. JUAN

Qui ose tenir ces paroles ? Je croy connoistre cette
voix.

SGANARELLE

Ha, Monsieur, c'est un Spectre; je le reconnois au marcher.

D. JUAN

Spectre, Fantosme, ou Diable, je veux voir ce que c'est.

Le Spectre change de figure et représente le Temps, avec sa faux à la main.

SGANARELLE

O Ciel! voyez-vous, Monsieur, ce changement de figure?

D. JUAN

Non, non, rien n'est capable de m'imprimer de la terreur, et je veux éprouver avec mon épée si c'est un corps ou un Esprit.

Le Spectre s'envole dans le temps que D. Juan le veut frapper.

SGANARELLE

Ah, Monsieur, rendez-vous à tant de preuves, et jettez-vous viste dans le repentir.

D. JUAN

Non, non, il ne sera pas dit, quoy qu'il arrive, que je sois capable de me repentir. Allons, suis-moy.

SCÈNE VI

LA STATUE, D. JUAN, SGANARELLE

LA STATUE

Arrestez, D. Juan; vous m'avez hier donné parole de venir manger avec moy.

D. JUAN

Ouy, où faut-il aller ?

LA STATUE

Donnez-moy la main.

D. JUAN

La voilà.

LA STATUE

D. Juan, l'endurcissement au péché traîne une mort funeste, et les grâces du Ciel que l'on renvoye ouvrent un chemin à sa foudre.

D. JUAN

O Ciel, que sens-je ? Un feu invisible me brûle; je n'en puis plus, et tout mon corps devient un brasier ardent; ah !

Le tonnerre tombe, avec un grand bruit et de grands éclairs, sur D. Juan; la terre s'ouvre et l'abysme, et il sort de grands feux de l'endroit où il est tombé.

SGANARELLE

Ah, mes gages, mes gages! — Voilà par sa mort un

chacun satisfait, Ciel offencé, Loix violées, filles séduites,
familles deshonorées, parens outragez, Femmes mises
à mal, Maris poussez à bout; tout le monde est content; il n'y a que moy seul de malheureux, qui après
tant d'années de service, n'ay point d'autre récompense
que de voir à mes yeux l'impiété de mon Maître punie
par le plus épouvantable châtiment du monde. — Mes
gages, mes gages, mes gages.

DOM JUAN

ou

LE FESTIN DE PIERRE

EXPLICATION DES PLANCHES

NOTICE. — En tête. Au centre le buste de Don Juan terminé en une double queue de Sirène; il est placé entre Charlotte et Mathurine, conduites vers lui par deux Amours avec un fouet et des rênes, passées au-dessus de la ceinture des deux femmes, où commencent des rinceaux reliés à l'ornement. A droite et à gauche, un carquois, un arc et deux autres petits Amours assis.

— Lettre D. A l'intérieur de la lettre, Don Juan, en costume élégant, met la main gauche sur sa poitrine pour protester de son amour; des cœurs figurent dans le dessin de l'étoffe de son jupon.

— Cul-de-lampe. Le flambeau du souper; la bougie en est presque consumée, et de petits insectes viennent encore se brûler à sa flamme. Le flambeau est posé sur un plateau, soutenu par deux petites figures de femmes qui font corps avec les rinceaux de l'ornement.

FAUX-TITRE. — Cartouche en largeur, accosté de deux consoles, portant chacune un flambeau et formées des deux têtes désolées de Charlotte et de Mathurine. Au-dessus du centre du cartouche, Don Juan,

XIV.   16

en costume de Cavalier, tenant de la main gauche l'un de ses gants et de l'autre sa canne.

GRANDE COMPOSITION. — Don Juan entre Mathurine et Charlotte, en costumes italiens : — *Charlotte à D. Juan* : Qu'est-ce donc que vous veut Mâthurine ? — *D. Juan, bas à Charlotte* : Elle est jalouse de me voir vous parler, et voudroit bien que je l'épousasse, mais je luy dis que c'est vous que je veux. (Acte II, Scène IV, p. 44.) En arrière, Sganarelle, sûr que son maître trompe les deux pauvres filles. Au fond le bord de la mer, et, sur un rocher, un château Sicilien.

GRAND TITRE. — Décoration architecturale. En bas, de chacun des deux côtés, un petit Diablotin à pieds de Satyre, des ailes noires et sur les épaules une petite pèlerine noire, fait brûler de pauvres cœurs dans les flammes qui s'échappent des fissures des rochers de l'Enfer. En haut, sous un portique cintré, la Statue du Commandeur ; sur un riche sarcophage, décoré des armoiries de Molière, la Statue du Commandeur, debout, en costume Romain. A droite, entre deux colonnes, Sganarelle, en habit de Médecin ; il tient poliment son chapeau à la main et semble à la fois aussi effrayé que désireux de s'en aller ; à gauche, entre deux autres colonnes, Don Juan adresse fièrement son invitation à la Statue du Commandeur, qui baisse la tête pour accepter.

CADRE DES PERSONNAGES. — En bas le tombeau de Don Juan, décoré d'une frise de cœurs. Sur le sarcophage son manteau et son épée ; à l'une des extrémités, un petit Amour assis, la tête dans ses mains, pleure celui qui a été le plus vaillant de ses serviteurs. A droite et à gauche une mince colonnette, entourée d'une tige de lierre en spirale, sur laquelle un écu avec un Amour portant sur son épaule des cœurs embrochés d'une flèche. La colonne de droite porte en haut la tête de Don Juan, et celle de gauche de Done Elvire ; les deux têtes sont reliées par un cartouche en largeur.

. ACTE PREMIER. — En-tête. Cadre en largeur, des deux côtés duquel Mathurine et Charlotte, se querellant et se disputant le cœur et la main de leur séducteur. A leurs pieds une tête de Satyre barbu, des lèvres duquel sort un serpent tenant dans sa bouche une pomme. Au-dessus de leurs têtes un Amour, assis sur l'angle du cadre, les excite et les anime l'une contre l'autre. Au milieu du bas, l'avant du bateau où Don Juan a failli périr.

— Lettre Q formée d'un ruban plat, dont la queue se casse et se replie, parti qui se répète dans les lettres initiales des Actes IV et V; celle-ci, encadrée de rinceaux, est décorée d'écailles et de coquillages sur un fond noir. A l'intérieur de la lettre, Sganarelle debout tient sa tabatière, et, en se préparant à prendre une prise : « Quoy que puisse dire Aristote, et toute la Philosophie, il n'est rien d'égal au tabac. » (Scène I, p. 1.) Fond de plage Sicilienne.

— Cul-de-lampe. Cartouche carré, accosté d'hommes barbus, terminés en rinceaux et portant sur la tête un vase de fleurs. Sganarelle, seul sur le bord de la mer, se parle à lui-même : « Ah! quel abominable Maître me vois-je obligé de servir ! » (Scène III, p. 22.) Dans le fond, Don Juan, vu de dos, regarde l'horizon avec indifférence. Dans le bas, un petit cadre avec la mer agitée et le naufrage de la barque ; ce cadre est accosté de rinceaux, sous lesquels, de chaque côté, un Amour assis.

ACTE II. — En-tête. Pierrot, poussant Don Juan, essaie de se mettre entre lui et Charlotte : « Testiguenne, parce qu'ous estes Monsieu, ous viendrez caresser nos femme à note barbe. » (Scène III, p. 40.) Derrière eux, Sganarelle, qui veut intervenir et va recevoir le soufflet destiné à Pierrot. A droite et à gauche, dans l'ornement, une figure de femme; la moitié inférieure du corps est formée de pattes d'oiseau et d'une longue queue écaillée; leur chevelure est éparse sur leurs épaules, et un Amour victorieux, les pieds sur un tapis de peau de bête, les tient, comme des esclaves, par leurs cheveux. En haut, deux petits cadres, attachés au grand cartouche, donnent des vues d'une campagne au bord de la mer, avec le bateau de Don Juan, tiré sur la plage.

— Lettre N. En avant de la lettre, Don Juan, accompagné d'un petit Amour; en arrière, Pierrot et Charlotte : « *Charlotte* : Pierrot, est-ce là ce Monsieur ?—*Pierrot*: Ouy, le vlà—*Charlotte*: Ah! mon Quieu, qu'il est genty, et que ç'auroit esté dommage qu'il eust esté nayé. » (Scène I, p. 31.)

Cul-de-lampe. — L'honnête Sganarelle, emmenant les deux femmes, qu'il tient par la main, veut leur être utile et leur dit, en confidence : « Mon Maistre est un fourbe ; il n'a dessein que de vous abuser » (scéne iv, p. 50) ; l'une d'elles, qui ne l'écoute pas, tourne la tête pour suivre des yeux Don Juan, qui s'éloigne dans le fond et se retourne aussi pour la regarder. Dans l'ornement, deux Amours qui semblent écouter ; au-dessus, sur un nuage, Vénus, accompagnée de Cupidon. Dans le bas, au-dessus d'un vase de fleurs, un petit cadre rond ; la mer, avec, échoués sur la plage, deux cœurs percés d'une flèche.

ACTE III. — En-tête. Don Juan, en habit de campagne, et accompagné de Sganarelle, en habit de Médecin, a voulu faire jurer le pauvre, et, Francisque s'y refusant, il finit par lui faire accepter son aumône d'un Louis d'or, en lui disant : « Va, va, je te le donne pour l'amour de l'Humanité. » (Scène ii, p. 65.) De chaque côté du sujet, dans un entourage architectural, une femme, tenant l'arc d'un Amour qu'elle a désarmé, serre l'Amour contre sa poitrine et l'embrasse avec passion. La moitié inférieure du corps des deux femmes est formée de pattes de biche et d'une longue queue écaillée.

— Lettre M. Sganarelle, en habit de Médecin, le dos appuyé contre l'un des jambages diagonaux de la lettre, explique à Don Juan les talents que lui a donnés pour la Médecine sa robe de Docteur. Don Juan, qui l'écoute en riant : « Il réchappa, n'est-ce pas ? — *Sganarelle* : Non, il mourut. — *Don Juan* : L'effet est admirable. » (Scène i, p. 58.)

— Cul-de-lampe. Grand médaillon rond ; le tombeau du Commandeur. Par la porte ouverte on aperçoit les colonnes qui en décorent l'intérieur, et la Statue. Sur les marches, Don Juan et Sganarelle, qui vont s'éloigner, se retournent tous deux pour regarder encore la Statue, et Don Juan à Sganarelle : « Allons, sortons d'icy. » (Scène, v, p. 80.) Au bas du médaillon, une tête de mort. En haut, deux femmes, symboles de la renommée du Commandeur et de celle de Don Juan, sont assises sur les deux rampants et tiennent chacune une palme. Entre elles et au centre, le buste de Don Juan vu de face.

ACTE IV. — En-tête : Don Juan, Monsieur Dimanche, La Violette et Ragotin. Don Juan, assis dans son fauteuil : « Non point ; je veux que vous soyiez assis contre moy..; je ne vous écoute point si vous n'estes assis » — Scène III, p. 85 — offre gracieusement à M. Dimanche, qui le salue humblement et s'efforce de refuser, le fauteuil que lui avance un Laquais. A droite et à gauche du médaillon une Grande Dame, ayant, comme les figures précédentes, deux pattes d'animaux et la queue écaillée, essaie, avec des supplications désespérées, de retenir par le pied un Amour, qui lui échappe et va s'envoler.

— Lettre Q entourée de rinceaux. Don Juan, élégamment habillé de soie blanche, est assis dans son fauteuil et se détourne vers son Laquais, Ragotin qui lui dit : «Monsieur, voicy une Dame voilée, qui vient vous parler. » (Scène VI, p. 96.) Dans le fond, la porte ouverte, dans laquelle on aperçoit Done Elvire enveloppée de longs voiles noirs.

— Cul-de-lampe. La table du souper ; le Commandeur et Don Juan, encore debout devant leurs fauteuils. Don Juan tend le flambeau à Sganarelle, en lui disant : « Prends ce flambeau » ; la Statue, son bâton de commandement à la main, s'y refuse : « On n'a pas besoin de lumière, quand on est conduit par le Ciel. » (Scène VIII, p. 104.) Dans le fond, à gauche, les deux autres Laquais de Don Juan. Dans l'ornementation extérieure, deux femmes à jambes de chèvre, jouent de la double flûte. Au milieu du bas, un médaillon avec la figure du Temps, porté sur des nuages sombres en avant d'un ciel orageux.

ACTE V. — En-tête. Dans une campagne désolée, le Temps, sa faulx à la main, apparaît à Don Juan, qui, dressé sur ses pieds, va marcher sur lui : « Et je veux éprouver avec mon épée si c'est un corps ou un Esprit. » (Scène V, p. 118.) A droite, Sganarelle, vu de dos, se recule en ouvrant les bras avec terreur. A droite et à gauche du cartouche, deux très jeunes filles, ingénument innocentes, serrent dans leurs bras un Amour, qu'elles cherchent à retenir et qui se débat pour leur échapper; la moitié inférieure de leurs corps se termine d'une façon analogue aux précédentes figures de femmes.

— Lettre Q entourée de rinceaux. Don Louis et Don Juan. Don Juan, en costume clair et son chapeau à la main, détourne la tête avec ennui; Don Louis, en costume sombre et les bras ouverts, lui dit : « Embrassez-

moi, mon fils, et persistez dans cette louable pensée. » (Scène I, p. 107.)
Dans le fond, Sganarelle écoute avec admiration les paternelles paroles
de Don Louis..

— Cul-de-lampe. Le pauvre Sganarelle, resté seul, s'écrie tristement:
« Mes gages, mes gages! » — Scène VI, p. 120 — en regardant les flammes
montant du feu de l'Enfer, au milieu desquelles on voit Don Juan et la
Mort, à laquelle l'incorrigible Amoureux semble faire la cour. Sur la frise,
un Satyre frappe violemment de sa mailloche une timbale, pour rappeler
l'éclat du tonnerre vengeur ; les deux Termes qui portent cette frise
sont deux figures du Temps portant sa faulx à la main.

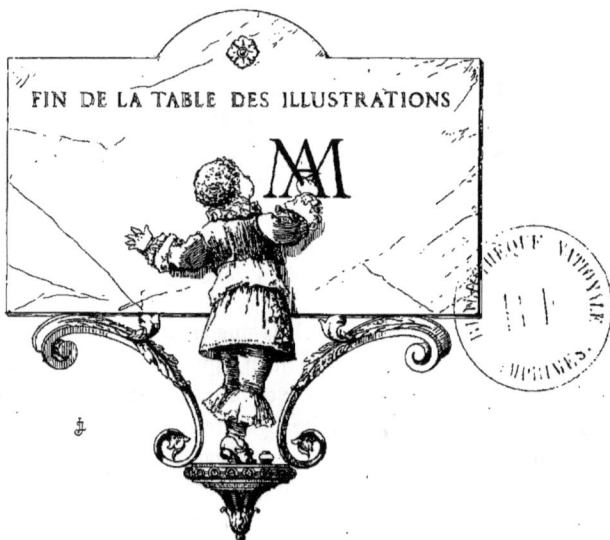

FIN DE LA TABLE DES ILLUSTRATIONS

Achevé d'imprimer a Évreux
Par Charles Hérissey
Le dix-huit Février Mil huit cent quatre-vingt-neuf

Pour le compte de E. Testard et Cie
Éditeurs a Paris

A
MOLIERE

A

MOLIERE

1622   1673

www.ingramcontent.com/pod-product-compliance
Lightning Source LLC
Chambersburg PA
CBHW050018100426
42739CB00011B/2689